Deike Haßler

Fenster brett garten

Wie du jeden Platz mit Lieblingsgemüse,
Obst, Kräutern und Blumen bepflanzen
und das ganze Jahr frisch ernten kannst –
egal, wie du wohnst

Löwenzahn

Mit Fotografien von Daniel Zangerl und Deike Haßler

Inhalts-
verzeich-
nis

Kapitel 3:
Ab nach draußen: Jetzt wird gepflanzt, geerntet und gesnackt! 49

Kapitel 1

Ohne Grünzeug, ohne mich

Zum Gärtnern braucht man einen Garten, steckt doch schon im Wort drin? Falsch. Denn am Ende brauchst du vor allem den Ort, an dem sich deine Pflanzen so richtig wohlfühlen. Und der liegt so nahe, dass du ihn wahrscheinlich sogar von dort sehen kannst, wo du gerade sitzt, stehst oder liegst: das Fensterbrett. Ja, wirklich wahr: Aus so ziemlich jedem Fensterbrett lässt sich ein kleiner Nutzgarten machen. Kugelrunde, saftige Kirschtomaten für den Salat? Der praktischerweise ebenfalls schon in deiner Wohnung chillt? Let's do it.

Der kleinste Garten ist ein Topf: Gründe für das Gärtnern am Fenster

Dieses Buch soll dir dabei helfen, deinen eigenen Fensterbrett-Gemüsegarten aufzuziehen. Von der ersten Lageanalyse über den Equipment-Check bis hin zur frischen Gemüse- & Kräuterernte und Ideen, was du aus deinem selbst angebauten Gemüse zaubern kannst. Also los: Starte deine Gartenkarriere am Fensterbrett.

Die beste Nachricht zuerst: Im Vergleich zu einem großen Gemüsegarten, der ordentlich Platz, Planung, Ausstattung und Know-how braucht und vor allem eine Menge Zeit in Anspruch nimmt, hält sich der Aufwand, einen Fensterbrettgarten einzurichten, in Grenzen – mit dem (fast) gleichen Ergebnis: Du kannst dein eigenes frisches Gemüse ernten. Und das ist nur einer von mehreren guten Gründen.

Rund um die Uhr knackiges Gemüse

Stell dir vor, saftige Paprika, frischer Salat und leckere Sprossen und Kräuter wachsen direkt vor deiner Nase auf dem Fensterbrett. Klingt fantastisch, oder? Ein Fensterbrettgarten ermöglicht dir ganzjährig eine Versorgung mit frischen Lebensmitteln. Zudem macht er dich (zumindest teilweise) unabhängig von den Öffnungszeiten im Supermarkt, den steigenden Preisen in der Gemüseabteilung und von fadem, geschmacklosem Monokultur-Gemüse. Besonders von Kräutern benötigst du meist nur kleinere Mengen, die du direkt frisch für dein Lieblingsessen ernten kannst.

Klimaschutz dank grünem Daumen? Oh yes!

Die Kultivierung von Gemüse im eigenen Zuhause wirkt sich auch positiv auf unser Klima aus. Du vermeidest nicht nur CO_2-Emissionen, die beim Transport vom Feld bis in den Supermarkt oder bei der Lagerung des Gemüses entstehen, sondern reduzierst gleichzeitig Verpackungsmüll. Durch den eigenen Anbau wirkst du zudem der Lebensmittelverschwendung entgegen, weil du nach Bedarf ernten kannst. Ein weiterer dicker Pluspunkt: Deine Pflanzen filtern die Luft und verbessern somit das Raum- und draußen sogar das Stadtklima.

Einmal Entschleunigung, bitte!

Die Finger in die Erde stecken, vertrocknete Blätter abzupfen oder Jungpflanzen umtopfen ... Gartenarbeit ist eine entspannende und beruhigende Aktivität. Sie hilft dabei, Stress abzubauen und der Natur bewusster zu begegnen.

Statt um die großen Erträge geht es beim Fensterbrettgärtnern aber eher um das Erlebnis, eine Pflanze von der Aussaat des Samens bis zur Ernte zu begleiten. Machen wir uns also nichts vor: Eine lückenlose Selbstversorgung mit Gemüse ist aufgrund des begrenzten Platzes auf einem Fensterbrett leider nicht möglich; das wird selbst mit einem großen Balkon schwierig. Trotzdem hast du mit einem Fensterbrett-Gemüsegarten nicht nur eine superschöne, grüne Oase in deiner Wohnung, sondern weißt auch noch ganz genau, was in dem geernteten Gemüse steckt.

Soll ich? Soll ich nicht? Kleine Starthilfe

Motivation hin oder her, irgendetwas hält dich noch vom Starten ab. Nein, eigentlich nicht „irgendetwas", sondern Bedenken wie …

- „Da ist doch nie im Leben genug Licht …"
- „Wo soll ich denn das ganze Equipment hinräumen?"
- „Auf dem kleinen Brett da soll was stehen? Ja, klar …"

Die gute Nachricht ist: Für (fast) alle diese Probleme gibt es eine Lösung. Die ganze Kunst liegt darin, die richtigen Pflanzen für deinen Standort auszuwählen.

Standorte und Stellflächen

Für einen erfolgreichen Fensterbrettgarten braucht es tatsächlich nur ein Fensterbrett mit Tageslicht und das Wissen darüber, welche Eigenschaften der gewählte Standort mit sich bringt. Die Standortbedingungen geben vor, welche Pflanzen bei dir wachsen können und welche nicht. Nur die Pflanzen, die sich auch wohlfühlen und gut mit den entsprechenden Lichtverhältnissen und Temperaturen klarkommen, werden erfolgreich wachsen und Früchte ausbilden.

Ohne genügend Licht ist das Pflanzenwachstum extrem reduziert. Ob es hell genug ist, hängt natürlich davon ab, in welche Richtung die Fenster in deinen Räumen ausgerichtet sind. Hier ein kleiner Überblick: Südfenster kriegen zwar die meiste Sonne ab, doch gleichzeitig ist das Risiko größer, dass die Pflanzen dort einen Sonnenbrand bekommen. Fensterbretter im Norden sind weitaus schattiger. Das kann

jedoch dazu führen, dass die Pflanzen langgestreckte Triebe mit blassen Blättern ausbilden. Und der absolute Sweet Spot? Das sind Ost- und Westfenster – sie bekommen den gesamten Tag über ausreichend Licht, vorausgesetzt, Bäume oder umliegende Häuser werfen keinen Schatten.

Es werde Licht … oder eben nicht, denn die Helligkeit deines Raumes lässt sich schließlich praktischerweise mit Hilfe von Jalousien oder Rollos beeinflussen. So kannst du deinen Pflanzen mit direkter Sonneneinstrahlung beim Wachsen helfen oder sie im Sommer vor Sonnenbrand schützen. Das klappt auch durch das Abhängen des Fensters mit einem Geschirrtuch aus hellem Stoff.

Für deinen Fensterbrettgarten draußen gilt das Gleiche: Die Ausrichtung deines Fensterbretts entscheidet darüber, wie viel Licht deine Pflanzen abbekommen. Insgesamt ist es draußen aufgrund der fehlenden Fensterscheibe aber immer heller als in Innenräumen, weshalb es sich unbedingt lohnt, das Fensterbrett draußen zu bepflanzen. Mehr über die Faktoren, die so ein Standort mit sich bringt, erfährst du auf Seite 49.

Kleiner Garten = kleines Equipment

Während andere Gärtner*innen eine ganze Gartenlaube mit Utensilien für die Gartenarbeit einrichten, brauchst du für deinen Fensterbrettgarten nur einen Sack Erde, ein paar Pflanzgefäße und etwas Saatgut. Das restliche Equipment hast du wahrscheinlich eh schon zu Hause, oder du kannst schnell und einfach mit Haushaltsgegenständen improvisieren (mehr dazu findest du auf Seite 17).

Eine mittelgroße Box oder Schachtel reicht aus, um alles zu verstauen. Auch hier zählt: Platz sparen!

Erde ist in unterschiedlich großen Säcken erhältlich, z. B. mit 20, 40 oder 60 l. Angebrochene Erdsäcke solltest du kühl und trocken lagern und nicht länger als ein halbes Jahr aufbewahren, da ansonsten die Nährstoffe schnell verloren gehen, sich Schimmel bildet oder es sich ungebetene Gäste wie Trauermücken (Seite 114) in ihnen gemütlich machen können.

Überschlage vor dem Einkaufen die Menge der benötigten Erde. Dadurch brauchst du keinen Lagerort für die angebrochenen Säcke und musst dir keine Sorgen darüber machen, ob deine Erde noch gut genug für den nächsten Einsatz ist.

Und noch eine gute Nachricht für alle Zögerlichen: Die richtige Größe für einen Fensterbrettgarten gibt es nicht. Passt ein Topf oder womöglich ein kleiner Blumenkasten auf dein Fensterbrett? Wunderbar, dann bist du bereits bestens aufgestellt. Grundsätzlich geht es beim Gärtnern nämlich nicht um den Wettbewerb, wer die meisten Töpfe stapeln kann, sondern um das Erlebnis an sich. Und das geht mit einer Pflanze im Topf genau so gut wie mit 10 oder 20.

Was ist eigentlich Anzucht?

Auf der Suche nach geeigneten Gemüsesorten stößt du bestimmt früher oder später auf den Begriff „Anzucht". Doch was bedeutet das? Ganz einfach: Mit „Anzucht" oder auch „Vorzucht" ist das Heranziehen von Jungpflanzen, also die Phase von der Aussaat bis zum Umtopfen oder Auspflanzen, gemeint.

Einige Gemüsepflanzen wie Karotten oder Feldsalat eignen sich für die Direktaussaat. Das bedeutet, dass die Samen je nach Art zwischen März und Mai direkt (draußen) in den finalen Balkonkasten oder Kübel gesät werden können. Es ist oft die einfachste und zeitsparendste Methode, eigenes Gemüse anzubauen. Allerdings gibt es auch Nutzpflanzen wie Tomaten oder Paprika, die drinnen vorgezogen werden müssen. Aufgrund ihrer Empfindlichkeit und der langen Wachstumszeit brauchen sie zum Heranwachsen eine warme, geschützte Umgebung. Um Jungpflanzen vorzuziehen, benötigst du nicht viel Ausrüstung.

Als Gefäße eignen sich zum Beispiel neben den klassischen Anzuchtkästen auch flache, leere Plastikschalen von gekauftem Obst, Joghurtbecher oder kleine Töpfe mit Abzugslöchern. Diese werden mit Anzucht- oder Kokoserde befüllt und leicht gewässert. Anschließend verteilst du die Samen dünn und mit ausreichend Abstand auf der Erdoberfläche oder drückst kleine Löcher in die Erde, um die Samen hineinzugeben. Achte hierbei auf die Anweisung auf der Saatgutpackung. Denn während viele Kräuter und Blumen zum Keimen Licht benötigen, ist es bei sogenannten Dunkelkeimern genau andersherum: Da ihre Keimung durch Licht gehemmt wird, setzt du die Saat von Auberginen, Gurken oder Feldsalat am besten mindestens doppelt so tief in die dunkle Erde, wie die Samen groß sind.

Saatgut vor Krankheiten schützen und Keimfähigkeit erhöhen

Damit die Aussaat gelingt, kann das Beizen von Saatgut helfen. Mit Hilfe von Beizmitteln wie Kamillen- oder Knoblauchtee kannst du deine Pflanzen vor Pilzsporen und Bakterien im Saatgut schützen und verhindern, dass sie Krankheiten bekommen. Für den Tee nimmst du am besten einen Teelöffel getrocknete Kamillenblüten oder 4 bis 5 frische und gehackte Knoblauchzehen, die du mit 1 l kochendem Wasser aufgießt und mindestens 1 Stunde ziehen lässt. Leg dann die Samen einfach über Nacht in den abgekühlten Tee und pflanze sie anschließend ein. Das Vorquellen hat neben der antibakteriellen Wirkung auch noch den Vorteil, dass sich der Samen mit Wasser vollsaugt und die Keimung dadurch beschleunigt wird.

Das Wichtigste bei einem Mini-Gewächshaus: eine Abdeckung und ein warmer, heller Standort.

Die meisten Samen haben eine Keimdauer von mehreren Tagen bis hin zu 3 Wochen. Während der Keimung sollte die Erde stets feucht sein. Damit Feuchtigkeit und Wärme rund um die Samen besser gespeichert werden, kannst du den Topf mit einer durchsichtigen Plastiktüte abdecken und so für Gewächshaus-Feeling sorgen. Ein warmes, helles Fensterbrett ist jetzt der ideale Standort, damit sich die Samen zu kleinen Pflanzen entwickeln. Aber davor zückst du am besten nochmal schnell den Filzstift: Vergiss nicht, deine Keimlinge rechtzeitig zu beschriften. Manchmal ähneln sie sich im Anfangsstadium nämlich so sehr, dass du sie nicht mehr unterscheiden kannst.

Alternativ kannst du den Prozess der Keimung beschleunigen, indem du die Samen nicht in die Erde, sondern auf ein feuchtes Wattepad oder Küchentuch legst. Damit die Feuchtigkeit nicht entweicht, eignen sich Brotdosen, Zipper- oder Gefrierbeutel. Regelmäßiges Lüften nicht vergessen: Es reicht, wenn du einmal täglich für ein paar Minuten frische Luft an dein Saatgut lässt, damit sich kein Schimmel bildet. An einem warmen Ort (z. B. in der Nähe der Heizung) keimen die Samen innerhalb weniger Tage. Diese Methode hat zudem den Vorteil, dass du Samen, die nicht gekeimt sind, direkt aussortieren kannst. Die gekeimten Samen können jetzt in die Erde umziehen.

Sobald sich kleine grüne Köpfe aus der Erde schieben, wird es Zeit, die Abdeckung zu entfernen. Entdeckst du nach 1 bis 2 Wochen an den Keimlingen ein weiteres Blattpaar, kannst du – wenn nötig – deine Schützlinge vereinzeln (ausdünnen). Zu eng gesäte Keimlinge nehmen sich ansonsten gegenseitig Platz und Licht weg und verdrängen einander. Beim sogenannten Pikieren werden die Pflänzchen mit Hilfe eines Pikierstabs oder Bleistifts samt Wurzelballen ausgegraben und ziehen in größere Anzuchttöpfe mit vorgedüngter Bio-Erde um. So sind sie für das weitere Wachstum mit ausreichend Nährstoffen versorgt.

Stelle die Pflanzen, die später draußen auf dem Fensterbrett wachsen sollen, nun an einen kühleren Ort. Das bereitet sie langsam auf die Temperaturen in freier Wildbahn vor. Pflanzen, die nur die Wohnung gewohnt sind, erleiden nämlich schnell einen Kälteschock oder bekommen Sonnenbrand. Kurz bevor du sie in den Balkonkasten pflanzt, kannst du sie also tagsüber abhärten, indem du sie für ein paar Stunden geschützt nach draußen stellst. Wind sorgt außerdem dafür, dass sich kräftige Wurzeln ausbilden und deine Pflanzen später nicht umkippen.

Beginne beim Abhärten zunächst mit 1 Stunde am Tag und steigere die Zeit dann Stück für Stück.

Du hast keinen Platz, keine Lust oder den richtigen Zeitpunkt verpasst, das Gemüse oder die Kräuter vorzuziehen? Gar kein Problem, deshalb musst du nicht auf deinen Fensterbrettgarten verzichten. Setzlinge bekommst du schließlich auch ganz einfach in einer Gärtnerei. In der Regel werden Jungpflanzen dort ab dem Frühjahr und bis in den Sommer angeboten.

Falls du dich jetzt fragst, warum du dir dann überhaupt die Mühe machen solltest, deine Pflanzen selbst vorzuziehen, kommen hier 5 gute Gründe:

1. Was im ersten Moment vielleicht pathetisch klingen mag, ist für viele Gärtner*innen der Hauptgrund, überhaupt eigenes Gemüse zu pflanzen: Ein Samenkorn vom Moment der Aussaat bis zur Ernte der Pflanze zu begleiten, macht nicht nur unglaublich stolz. Der Wachstumsprozess fasziniert auch jedes Mal aufs Neue und steigert die Wertschätzung für Lebensmittel ungemein. Schließlich brauchen gewisse Früchte teilweise mehrere Monate, bis sie geerntet werden können – und das weiß man am besten zu schätzen, wenn man sie dabei begleitet.

2. Die Auswahl an Jungpflanzen, die im Baumarkt oder in Gärtnereien angeboten werden, ist geringer als bei Saatgut. Aufgrund der Platzverhältnisse deines Fensterbrettgartens bist du auf bestimmte Sorten angewiesen, die besonders kompakt wachsen und für den Anbau im Kübel oder Balkonkasten geeignet sind. Mitunter kann es vorkommen, dass du diese Pflanzen nicht vor Ort erwerben kannst. Es gibt auch die Möglichkeit, Jungpflanzen im Frühjahr im Internet zu kaufen. Hierbei besteht jedoch immer die Gefahr, dass die Pflanzen nicht die gewünschte Qualität haben oder durch den Transport Schaden nehmen.

3. Du möchtest kein Vermögen ausgeben? Verständlich. Je größer die Jungpflanzen sind, desto teurer sind sie auch. Dies gilt insbesondere für Bio-Gemüse. Wenn du dir deinen Fensterbrettgarten also im Einzelhandel zusammenstellen möchtest, kannst du schnell mit einer dreistelligen Summe rechnen. Ein Saatguttütchen hingegen enthält meist Samen für viele Pflanzen, die sich bei richtiger Verwahrung mehrere Jahre halten.

4. Die Anzucht von Jungpflanzen hat auch etwas mit Umweltschutz zu tun: Viele Jungpflanzen, die du bereits sehr früh im Jahr kaufen kannst, wurden in beheizten Gewächshäusern angezogen und haben teilweise schon weite Strecken zurückgelegt. Das sorgt leider nicht nur für einen großen ökologischen Fußabdruck der Pflanzen, sondern kann außerdem dazu führen, dass sich die Pflanzen auf deinem Fensterbrett nicht wohl fühlen, weil sie an ganz andere Bedingungen gewöhnt sind.

5. Nur durch die eigene Anzucht weißt du genau, was alles in deinem Gemüse enthalten ist. Immerhin wählst du die Erde aus, ziehst die Pflanzen von Beginn an selbst groß und hast somit auch im Blick, womit sie (nicht) behandelt wurden.

Aber wie heißt es so schön: Ausnahmen bestätigen die Regeln. Einige Sorten brauchen ziemlich lange, um sich von einem Samenkorn in eine üppige Pflanze zu verwandeln. Deshalb bietet es sich hin und wieder an, die eigene Anzucht zu überspringen und die Pflanzen in Bio-Qualität einzukaufen. Hierzu zählen vor allem mediterrane Kräuter wie Lavendel oder Rosmarin.

In the box: Saatgut richtig lagern

Je nach Pflanze beträgt die Haltbarkeit von Saatgut 1 Jahr bis mehrere Jahrzehnte. Damit du auch im nächsten Jahr noch Freude an deinem Saatgut hast, muss die Keimfähigkeit erhalten bleiben. Deshalb ist eine richtige Aufbewahrung der Samen wichtig: Sie mögen kühle, eher dunkle und trockene Orte ohne große Temperaturschwankungen – also am liebsten trockene Keller, Vorratsschränke oder kleine Boxen. Gut getrocknet hält sich das Saatgut auch in der Tiefkühltruhe bei -18 °C mehrere Jahre.

Wenn du neues Saatgut einkaufst, lohnt sich der Blick auf das Abfülldatum auf der Saatgutverpackung. Je später es abgefüllt wurde, desto frischer ist es und desto länger kannst du es bei dir lagern.

Was brauchst du unbedingt, damit deine neuen grünen Bekannten auf deinem Fensterbrett glücklich und zufrieden werden? Gar nicht so viel, wie du vielleicht denkst. Theoretisch musst du dir nicht mal Samen o. Ä. besorgen – wirf einfach einen Blick in dein Gemüsefach: Vielleicht liegt hier schon dein Pflanzgut parat?

Aber der Reihe nach: Fangen wir mal mit dem Zuhause für deine neuen grünen Mitbewohner an.

Ab ins Töpfchen: Pflanzgefäße

Ohne Gefäße wirst du es schwer haben, einen schönen Fensterbrettgarten anzulegen, schließlich brauchen deine Pflanzen neben Luft, Wärme und Licht ein erdiges Zuhause, in dem sie sich wohl fühlen. Ähnlich wie Menschen im Laufe ihres Lebens andere Kleidergrößen brauchen, müssen auch Pflanzen für eine gute Versorgung gelegentlich umziehen. Demnach benötigst du zunächst kleine Töpfe oder Schalen für die Anzucht und anschließend größere Gefäße, in denen die ausgewachsenen Pflanzen reifen können.

Je nach Art und Sorte haben die Pflanzen bestimmte Platzansprüche. Ist es den Wurzeln zu eng, kann die Pflanze nicht weiterwachsen und geht dir im schlimmsten Fall ein. Daneben spielen auch Form, Farbe und Material des Gefäßes eine wichtige Rolle. Dunkle Töpfe heizen sich im Sommer schneller auf und können somit zu einer Überhitzung der Wurzeln führen. Diese Faktoren sind vor allem abhängig davon, ob die Pflanzen drinnen oder draußen auf deinem Fensterbrett stehen.

Pflanzentöpfe gibt es in vielen verschiedenen Ausführungen und Größen. Aufgrund des begrenzten Platzes auf dem Fensterbrett bieten sich besonders rechteckige Balkon- oder Blumenkästen an. Runde Formen schaffen nämlich leider viele Zwischenräume, die nicht mehr genutzt werden können.

Da sich der Wasser- und Nährstoffbedarf von Art zu Art jedoch unterscheiden, wirst du den Ansprüchen der Pflanze(n) am besten in eigenen Kübeln gerecht. Alternativ kannst du kleine Töpfe in einem Kasten arrangieren, um alle Bedürfnisse zu befriedigen. Das verhindert obendrein, dass sich die Pflanzen gegenseitig verdrängen. Befindet sich dein Fensterbrett im Erdgeschoss, kannst du zusätzlich auf den Boden darunter Kübel stellen. Vielleicht hast du auch die Möglichkeit, eine Blumenampel aufzuhängen und so deine Nutzfläche zu vergrößern? Bei höheren Stockwerken ist diese Methode nur bedingt zu empfehlen – es besteht immer ein gewisses Risiko, dass Hängeampeln oder schwere Kübel herunterfallen. Wie du dafür sorgst, dass genau das nicht passiert und deine Pflanztöpfe sicher befestigst, erfährst du auf Seite 57.

Achte darauf, dass Regenwasser im Balkonkasten im besten Fall abfließen kann.

Das Wichtigste für alle deine Pflanzen, egal, wie klein oder groß sie sind? Überschüssiges Gießwasser sollte immer ablaufen können.

Achte darauf, den Balkonkasten bzw. das Auffanggefäß regelmäßig zu leeren.

Gefäße, die draußen aufgestellt werden, müssen frostfest sein. Tontöpfe eignen sich hierfür aufgrund ihres porösen Materials sehr gut: Die Wände sind luftdurchlässig und Feuchtigkeit entweicht schnell. Das ist ein Vorteil im Winter, führt jedoch im Sommer dazu, dass du häufiger gießen musst. Zudem sind Tontöpfe sehr schwer, wenn sie mit Erde gefüllt und bepflanzt sind. Gefäße aus Kunststoff sind leichter und verlieren nicht so viel Wasser über Verdunstung. Allerdings gelangt in solchen Töpfen auch keine Luft an die Erde. Das gleiche gilt für Gefäße aus Metall.

Egal, welches Material deine Pflanztöpfe haben: Damit sich das Gießwasser nicht staut, sollten sie immer einen Abfluss haben. Viele Pflanzgefäße sind bereits mit Abflusslöchern versehen. Ansonsten kannst du mit einem Schraubenzieher oder einem kleinen Bohrer nachhelfen und Löcher in den Boden drehen. Untersetzer wie (Kunststoff-)Teller verhindern Wasserflecken auf dem Fensterbrett und sind deshalb besonders für Pflanzen in der Wohnung empfehlenswert.

Wenn dein Balkonkasten dem Regen ausgesetzt ist, solltest du eine Drainage-Schicht einbauen, damit das Wasser besser abfließen kann. 2 bis 3 cm aus Tonscherben, Steinen oder Blähton am Gefäßboden reichen aus, um die Wurzeln deiner Pflanze vor dem Ertrinken zu bewahren.

Die Größe des Gefäßes ist abhängig von der Wurzeltiefe und dem Nährstoffbedarf der Pflanze. Welche Topfgrößen die richtigen für deinen Fensterbrettgarten sind, erfährst du in den jeweiligen Pflanzenporträts ab Seite 60.

Auf Online-Kleinanzeigenportalen werden häufig Pflanzgefäße für kleines Geld angeboten oder sogar verschenkt. Bereits gebrauchte Töpfe (auch deine eigenen) solltest du vor der nächsten Benutzung unbedingt mit kochendem Wasser reinigen. Krankheitskeime könnten sonst an den Gefäßen haften und deiner Jungpflanze schaden. Und bevor du dir eine Einkaufsliste schreibst: Schau dich doch mal in deinem Haushalt nach Gegenständen um, die du zu Pflanzgefäßen upcyclen kannst. Mehr dazu findest du auf Seite 25.

Schere, Kelle, Papier: Gartenutensilien

Um deine Pflanzen auf dem Fensterbrett gut pflegen und versorgen zu können, musst du dir – anders als im Garten – keine großen Gartenutensilien anschaffen. Die nützlichsten Helfer hast du vielleicht bereits in der Küchenschublade.

• **Pflanzunterlage:** Während ein bisschen Erde links und rechts im Garten niemanden stört, sind Erdhäufchen in der Wohnung nicht so gerne gesehen. Organisiere dir vor dem Umtopfen daher eine Pflanzunterlage. Als solche machen dabei sowohl alte Zeitungen als auch Wachstücher eine gute Figur.

• **Suppenkelle/Löffel:** Wie kommt die Erde aus dem Sack in den Topf? Falls du keine Handschaufel griffbereit hast oder eine Schaufel zum Befüllen der Töpfe mit Erde zu unhandlich sein sollte, kannst du dir je nach Topfgröße auch eine Suppenkelle oder einen Esslöffel aus der Küche angeln. Besonders für die kleinen Anzuchtschalen bist du mit einem Löffel super ausgestattet. Mit Hilfe des Stiels kannst du zudem kleine Löcher für die Samen in die Erde drücken.

• **Garten- oder Haushaltsschere:** Spätestens, wenn wunderschöne Früchte an deiner Pflanze baumeln, brauchst du einen zuverlässigen Erntehelfer. Um die Gemüsepflanzen nicht aus Versehen zu verletzen, kannst du das reife Gemüse mit einer Gartenschere abschneiden. Auch kranken Pflanzenteilen oder trockenen Trieben kannst du so auf die Pelle rücken. Eine kräftige Haushaltsschere funktioniert hier genauso gut.

• **Kleine Gießkanne/Ballbrause:** Lass deiner Kreativität beim Gießen freien Lauf – sämtliche Gegenstände wie Trinkgläser, Milchkännchen oder Karaffen eignen sich zum Gießen. Weil aber der Platz auf dem Fensterbrett nun mal begrenzt ist, lohnt sich die Anschaffung einer kleinen Gießkanne oder Ballbrause. Beim Gärtnern am Fenster hast du am meisten von einem Modell mit einem langen Hals. So versorgst du zielgenau auch Pflanzen in kleinen Töpfen, ohne das Fensterbrett dabei unter Wasser zu setzen.

• **Etiketten**: Keine Lust auf Überraschungen? Damit du Keimlinge, Jungpflanzen und verschiedene Tomatensorten nicht durcheinanderbringst, sind Etiketten oder Pflanzschilder aus Holz oder Kunststoff praktische Helfer. Mit Bleistift beschriftet, trotzen sie dem Gießwasser und lassen sich super wiederverwenden.

Where the magic happens: Die Erde

Ein Gang in den Baumarkt reicht, um von dem riesigen Angebot an Erden erschlagen zu werden. Theoretisch könntest du hier für jede grüne Freundin in deinen vier Wänden eine eigene Sorte Erde kaufen. Aber keine Sorge, das immense Angebot muss dich für deinen Fensterbrettgarten gar nicht aus der Ruhe bringen. Grundsätzlich reicht es vollkommen aus, diese Produkte zu kennen:

Für die Anzucht:

• **Anzuchterde** ist keimfrei und nährstoffarm und bietet so die idealen Bedingungen dafür, dass Samen zu starken und gesunden Pflanzen heranwachsen können. Moment – nährstoffarm? Und daraus sollen starke Pflanzen werden? Ja, das klingt zunächst widersprüchlich, doch haben Pflanzen wie Menschen auch in verschiedenen Lebensphasen unterschiedliche Nährstoffansprüche. Keimen die Samen in Anzuchterde, sind die Wurzeln auf der Suche nach Nährstoffen gezwungen, sich weit auszubreiten und ein stabiles Wurzelsystem auszubilden. Ziehst du Saatgut in Blumenerde vor, kann es passieren, dass das Wurzelwachstum gestoppt wird oder dein Schützling von Krankheiten oder ungebetenen Besuchern befallen wird.

• **Kokoserde** enthält wie Anzuchterde keine Nährstoffe, ist torffrei und speichert das Wasser besonders gut. Der Begriff „Erde" ist hier allerdings irreführend, da es sich um Kokosfasern handelt, die für den Transport in kompakte Pellets gepresst wurden. Somit musst du weder schwer tragen noch viel Platz für die Lagerung einplanen. Gibst du Wasser zu den Pellets, saugen sie sich voll und entwickeln sich zu einem besonders leichten und luftdurchlässigen Substrat. Kokoserde bleibt lange feucht und sorgt so dafür, dass du weniger häufig gießen musst und die Keimlinge optimal mit Wasser versorgt sind. Außerdem sind die Fasern sterilisiert, und dadurch weniger anfällig für Krankheiten oder Schimmel.

• **Vermiculite** sind natürliche Mineralien, die du im Baumarkt kaufen kannst. Dieses Schichtsilikat speichert die Feuchtigkeit so gut, dass Staunässe keine Chance hat. Außerdem sind die Mineralien locker und mit Luftporen durchsetzt, sodass der Boden belüftet wird und sich die Wurzeln deiner Pflanze dort dann besonders wohl fühlen. Da Vermiculite gut isolieren, kühlt der Boden zudem nicht so schnell aus. Darüber freuen sich besonders wärmeliebende Jungpflanzenbabys von Aubergine, Paprika und Chili.

Torf? Who's that?

Schnell wirst du feststellen, dass einige Erdsäcke mit „torffrei" oder „torfreduziert" beschriftet sind. Doch was ist damit gemeint? Torf entsteht, wenn Pflanzenreste über einen sehr langen Zeitraum unter Ausschluss von Sauerstoff zersetzt werden. Bei diesem Prozess speichern sie viel Kohlenstoffdioxid. Torf ist aufgrund der enthaltenen Nährstoffe schon seit langer Zeit ein gängiger Bestandteil von Pflanzerde. Das Problem dabei: Torf wird aus Mooren gewonnen, die trockengelegt werden. Damit gehen nicht nur besondere Ökosysteme und mit ihnen Lebensraum für Tiere und Pflanzen verloren, sondern das in den Pflanzenresten gebundene Kohlenstoffdioxid wird durch den Abbau auch wieder in die Atmosphäre abgegeben und treibt den Klimawandel weiter an. Da Moore mehrere Jahrhunderte brauchen, um sich zu regenerieren, solltest du torffreie Erde kaufen. Sie enthält häufig Kombinationen organischer Materialien wie Rindenhumus, Grünschnittkompost, Holz- und/ oder Kokosfasern. Durch den Verzicht auf Torf ist die Erde also viel umweltfreundlicher.

Für Jungpflanzen und Grown-ups:

- **Bio-Universalerde** eignet sich für alle Pflanzen im Haus oder draußen auf dem Fensterbrett. Du kannst sie demnach nicht nur für Gemüse und Kräuter, sondern auch für deine Zimmerpflanzen verwenden und sparst dir den Aufwand, verschiedene Erdsäcke bis in die Wohnung zu schleppen. Universalerde hat eine hohe Nährstoffdichte, die Pflanzen benötigen, um kräftig zu wachsen und Blüten und Früchte zu bilden. Die Erde ist meist vorgedüngt, um die Pflanzen die ersten Wochen gut zu versorgen. Achtung: Schau darauf, ob auf der Packung ein Bio-Siegel zu finden ist. Es stellt sicher, dass nur organischer Bio-Dünger verwendet wurde. Denn sicherlich möchtest du dein Gemüse ohne Pestizide oder Chemikalien großziehen.

- **Pflanzgranulate** aus Ton dienen als Erdersatz. Die Tonkörnchen sorgen aufgrund ihrer porösen Oberfläche für eine gute Luftzirkulation an den Wurzeln der Pflanze und sind zudem super Wasser- und Nährstoffspeicher. Da das Granulat meist etwas kostspieliger als Erde ist, empfiehlt es sich, beides zu mischen und die oberen 3 cm der Erde nur mit Granulat abzudecken. Dadurch verhinderst du, dass die Erde sich in den Sommermonaten schnell aufheizt oder austrocknet. Außerdem haben Trauermücken Schwierigkeiten, die Pflanze zu besiedeln. Daher eignet sich das Granulat als Abdeckung insbesondere für Pflanzen, die immer in der Wohnung stehen. Wie bei herkömmlicher Erde gibt es auch bei Granulaten eine große Auswahl. Achte deshalb darauf, dass es speziell für Gemüsepflanzen geeignet ist.

Damit du lange Freude an deinem Substrat hast, solltest du den Sack nach der Benutzung luftdicht verschließen und an einem kühlen und trockenen Ort aufbewahren.

Aller Anfang ist ... das Saatgut

Es gibt verschiedene Möglichkeiten, an Saatgut für deinen Fensterbrettgarten zu kommen: Entweder du kaufst dir Saatgut, gewinnst es selbst oder vermehrst deine Gemüsereste durch Regrowing (auf Seite 24 erfährst du mehr dazu).

Wenn du noch nicht auf eigene Pflanzen und deren Saatgut zurückgreifen kannst, kommst du nicht umhin, dir Samen zu kaufen. Achte darauf, dass es sich um samenfeste Sorten handelt. Diese vermehren sich mit einem stabilen Sortenbild weiter. Das heißt, die Jungpflanzen zeigen ähnliche bis gleiche Eigenschaften wie ihre Mutterpflanze und sind außerdem wiederum in der Lage, fruchtbare Samen zu bilden. Den Gegensatz zu samenfesten Sorten bilden sogenannte F1-Hybridzüchtungen. Hybride sind Kreuzungen aus zwei perfekten Elternpflanzen. Die Bezeichnung F1 steht dabei für die erste Generation der Nachkommen. Hybridsamen bringen den Vorteil mit sich, dass die Pflanzen meist ertragreicher und weniger anfällig für Krankheiten sind. Auch bei Mini-Sorten, die sich für Fensterbretter gut eignen, handelt es sich nicht selten um F1-Hybriden. Jedoch lassen diese sich nicht vermehren, denn die Nachkommen können sich stark von der Mutterpflanze unterscheiden. Es handelt sich sozusagen um Einwegpflanzen, deren Saatgut du jedes Jahr neu kaufen musst. Deshalb zahlt es sich aus, etwas Zeit in die Recherche nach samenfesten Sorten zu investieren, damit du im besten Fall um Hybridsamen und den regelmäßigen Neukauf herumkommst.

Achtung Bewahre dein Saatgut sicher auf, indem du es vor Licht und Feuchtigkeit schützt (lies dazu auf Seite 13 weiter). Eine Saatgutbox hilft dir dabei, den Überblick zu behalten. Mit einem Gummiband kannst du Saatgutpackungen bündeln, die du im gleichen Monat aussäen möchtest, oder du sortierst sie nach Pflanzengattungen (z. B. Kürbisgewächse: Gurke, Melone, Zucchino).

Beim Saatgut wird übrigens zwischen Licht- und Dunkelkeimern unterschieden. Lichtkeimer sind Samen, die direktes Licht für die Keimung benötigen. Statt sie mit Erde zu bedecken, kannst du sie einfach auf die oberste Erdschicht streuen und andrücken. Anders ergeht es den Dunkelkeimern: Sie verschwinden gerne ein paar Zentimeter tief in der Erde, da sie nur in der Dunkelheit keimen.

Neben dem Kauf von Saatgut hast du auch die Möglichkeit, es selbst zu gewinnen. Statt beispielsweise die Samen von Paprika in den Bio-Abfall zu werfen, kannst du sie entnehmen, vom Fruchtfleisch befreien, indem du es unter fließendem Wasser abwäschst, und auf einem Küchenpapier trocknen lassen. Das klappt übrigens auch mit Bio-Gemüse aus dem Supermarkt, wenn es nicht aus F1-Saatgut gezogen wurde. In diesem Fall geht Probieren über Studieren.

Wenn aus einem ganz viele werden: Saatgutgewinnung

Die Vorgehensweise der Saatgutgewinnung hängt von der Art der Pflanze ab. Grundsätzlich müssen alle Gemüsepflanzen zunächst blühen und bestäubt werden, bevor sie Saatgut ausbilden können.

Pflanzen wie Tomaten, Chilis, Paprika usw. verstecken ihre Samen in den reifen Früchten. Um von ihnen Saatgut zu gewinnen, wählst du eine gesunde und reife Frucht aus. Dadurch kannst du sicherstellen, dass das Saatgut fertig entwickelt, frei von Krankheiten und keimfähig ist. Als nächstes schneidest du die Frucht auf, sammelst die Samen heraus und reinigst sie mit Wasser von Schmutz und Fruchtfleisch.

TIPP: Besonders kleines Saatgut, das wie bei Tomaten im Fruchtfleisch liegt, lässt sich nicht wie bei einer Paprika einfach abwaschen oder -reiben. Stattdessen kannst du es in einem verschlossenen Glas Wasser 2 Tage einweichen lassen und anschließend durch kräftiges Schütteln vom Fruchtfleisch befreien. Die gereinigten Samen gießt du dann durch ein Sieb ab. Anschließend breitest du das Saatgut zum Trocknen auf einem Küchenpapier aus. Damit sich kein Schimmel bildet, sollten sich die Samen nicht gegenseitig berühren. Sobald sie getrocknet sind, kannst du sie verstauen (am besten in einer kleinen Box, einem Kuvert oder Gläschen) und für die nächste Anzucht nutzen.

Es gibt aber auch Pflanzen wie Salate oder Radieschen, die vor der Blüte zum Verzehr geerntet werden. Hier müsstest du die Blüte und Samenbildung der Pflanzen abwarten, um trotzdem Saatgut zu gewinnen. Das bietet sich für einige Arten allerdings eher in einem Garten als auf dem Fensterbrett an, denn bis die Pflanzen überreif sind und Saatgut ausbilden, kann es in manchen Fällen bis zu 2 Jahre dauern.

Aufgepasst: F1-Hybridpflanzen bilden zwar auch Samen aus, sind jedoch nicht samenfest. Das kann dazu führen, dass die Nachkommen ganz andere Eigenschaften haben und damit nicht so lecker oder ertragreich sind wie ihre Mutterpflanzen. Achte daher darauf, dass du nur Saatgut von samenfesten Sorten sammelst.

Was sonst noch hilfreich ist: Gartengadgets

Wie bei jedem anderen Hobby gibt es auch für das Gärtnern unzählige Gadgets und Extras. Um die Ausgaben in Grenzen zu halten und den persönlichen Bedarf erst einmal zu ermitteln, empfiehlt es sich, zunächst eine Gartensaison lang genau zu beobachten, was du überhaupt benötigst. Folgende Utensilien sind nämlich nicht zwingend nötig, können aber die Arbeitsschritte erleichtern. Diese Liste dient dir dann vielleicht als Inspiration für deinen nächsten Wunschzettel.

Timer: Eine Lichtzeitschaltuhr ist nützlich, sofern deine Pflanzen unter Kunstlicht stehen. Sie sorgt automatisch dafür, dass das Licht an- und ausgeht, ohne dass du selbst jedes Mal aktiv werden musst. Besonders praktisch sind solche Timer für lange Wochenenden, wenn du vielleicht unterwegs bist, oder für Vielbeschäftigte, die ansonsten Schwierigkeiten haben, die Beleuchtungszeiten einzuhalten.

Anzuchtmatten: Diese Wärmematten werden unter die Pflanztöpfe gelegt, um die Wurzeln zu wärmen und so das Wachstum der Pflanzen anzuregen. Sie sind meist rechteckig und passen super auf die meisten Fensterbretter. Insbesondere für die Anzucht in den Wintermonaten und/oder für kühle oder zugige Standorte eignen sie sich sehr gut. Aber Vorsicht: Der Wärmegrad von Anzuchtmatten ist speziell an die Bedürfnisse von Pflanzen angepasst. Die geringe Wärme, die sie abgeben, ist nicht mit Omas Heizkissen zu vergleichen. Daher Finger weg von Wärmflasche, Körnerkissen und Co. – sie eignen sich nicht für die Anzucht.

Sprühflasche: Bei deinem Besuch im Einzelhandel für Gartenbedarf wird dir früher oder später eine Sprühflasche in die Hände fallen. Die Flaschen sind leicht in der Handhabung und werden genutzt, um die Pflanzen zu besprühen, sei es mit Wasser, um die Luftfeuchtigkeit zu erhöhen oder mit schwarzem Tee, um Blattläuse zu vertreiben. Es gibt Zerstäuber in unterschiedlichen Modellen und Preisklassen. Gerade für den Einsatz im Haus lohnt sich die Investition in ein qualitativ hochwertiges Modell zum Beispiel aus Glas, das robust ist, die Sprühstärke verändern kann und sich gut reinigen lässt. Damit sich in der Flasche keine Keime bilden, spülst du sie am besten nach jeder Benutzung mit warmem Leitungswasser aus oder stellst sie, falls möglich, in die Spülmaschine.

> Damit keine Kalkflecken auf den Blättern entstehen, kannst du die Pflanzen mit destilliertem Wasser oder Regenwasser besprühen.

Feuchtigkeitsmesser: Du bist dir unsicher, ob du die Pflanzen mit der richtigen Wassermenge versorgst? Dann brauchst du Gießanzeiger oder einen Feuchtigkeitsmesser. Sie sehen so ähnlich aus wie Thermometer und geben Auskunft darüber, wann die Pflanzen Wasser benötigen. Indem sie die Feuchtigkeit im Boden messen, helfen sie dir dabei, ein Vertrocknen oder Übergießen zu verhindern. Während Gießanzeiger dauerhaft in einem Topf bleiben und dementsprechend mehrere benötigt werden, ist ein Feuchtigkeitsmesser aufgrund seines Edelstahlstiels nur für den kurzen Verbleib im Boden geeignet. Soll heißen: Du steckst ihn nur für wenige Sekunden in den Boden, liest das Ergebnis ab und säuberst ihn anschließend. Der Vorteil ist jedoch, dass du nur ein Messgerät für alle Pflanzen brauchst.

Abfall? Von wegen: Beim Regrowing lässt du z. B. einen Salatstrunk erneut wurzeln.

Mit Untersetzern verhinderst du, dass es im Anzuchttopf von unten her zu kalt wird.

Und nochmal von vorne! Regrowing

Ein Salatkopf, der mehrfach geerntet werden kann? Was wie Zauberei klingt, nennt sich Regrowing. Darunter versteht man das Nachwachsen von Gemüseresten. Das Regrowing ist eine nachhaltige Methode, Gemüse anzubauen: Es schont den Geldbeutel und die Umwelt, da du weniger Lebensmittel einkaufen musst und weniger Müll produziert wird. Zudem sparst du Platz im Kühlschrank, denn dein Gemüse bleibt in einem Glas mit Wasser frisch und knackig und wächst sogar noch weiter.

Bestimmte Gemüsesorten wie Romana-Salate oder Rübengemüse wachsen schnell und unkompliziert auf dem Fensterbrett nach. Wie alle Pflanzen benötigen auch die Küchenabfälle, denen du neues Leben schenken möchtest, ausreichend Licht. Deshalb eignen sich besonders das Frühjahr und die Sommermonate dafür, das Gemüse nachwachsen zu lassen. Aber auch im Herbst hast du mit einem sonnigen Fensterbrett noch gute Karten. Wenn die Tage im Winter besonders kurz und dunkel sind, tun sich die Pflanzen schwer damit, neue Wurzeln zu bilden. In diesem Fall kannst du das Nachwachsen mit LED-Pflanzenleuchten unterstützen, die wenig Energie verbrauchen und an das Lichtspektrum der Pflanzen angepasst sind.

Achte außerdem darauf, dass deine Pflanzen keine kalten Füße bekommen. Damit deine Bio-Abfälle Wurzeln ausbilden können, benötigen sie Wärme – am besten Zimmertemperaturen um die 20 bis 22 °C. Manch ein Fensterbrett ist kühler als der Rest des Raumes. Daher kannst du unter deine Anzuchttöpfe kleine Untersetzer stellen, damit die Töpfe nicht von unten kalt werden. Besonders, wenn du dein Gemüse draußen nachwachsen lassen möchtest, ist es wichtig, die Pflanzen vor Kälte zu schützen.

Während viele Küchenabfälle für ein paar Tage super in einem Wasserglas nachwachsen, braucht es für eine längere Ernte oder Wachstumszeit die richtige Erde. Da die Pflanzen erst ihre Wurzeln neu ausbilden müssen, bevor sie weiterwachsen können, eignet sich Anzuchterde besonders gut. Sie zeichnet sich durch ihre Wasserdurchlässigkeit aus und ist zudem nährstoffarm, wodurch das Wurzelwachstum angeregt wird. Sobald die Pflanze nach 2 bis 3 Wochen einen kräftigen Wurzelballen ausgebildet hat, kannst du sie in normale Bio-Erde umsetzen.

Pass auf, dass du die Erde gleichmäßig feucht hältst, damit die Gemüsereste gut versorgt sind. Gießt du zu viel, kann sich Schimmel bilden oder die Pflanzen beginnen in der Erde zu faulen. Auch Gemüse, das vorher einige Zeit im Wasserglas verbringt, benötigt regelmäßig frisches Wasser. Tausche daher das Wasser spätestens alle 2 Tage aus.

Sind Licht, Wasser und Wärme vorhanden? Dann kannst du loslegen! Für das Regrowing eignen sich unter anderem Gemüsereste von Karotten, Frühlingszwiebeln, Lauch, Stangensellerie, Ingwer, Romana-Salat oder Chinakohl. Schneide hierzu den Strunk des Gemüses ca. 5 cm über den Wurzeln ab und stelle ihn in ein Wasserglas. Dabei sollte die Hälfte des Strunks mit Wasser bedeckt sein. Stelle das Wasserglas nun auf das Fensterbrett und vergiss nicht, das Wasser regelmäßig zu wechseln. Wenn du nach ein paar Tagen neue Wurzeln oder frisches Grün an deiner Pflanze entdeckst, kannst du sie in Erde umsetzen.

Aber auch Kräuter wie Basilikum, Koriander und Minze wachsen im Wasserglas nach. Die Triebe sollten zum Nachwachsen ungefähr 10 cm lang sein. Die unteren Blätter kannst du abzupfen, damit sie im Wasser nicht faulen. Nach einigen Tagen im Wasserglas wirst du neue Wurzeln entdecken können. Dann ist es Zeit, die Kräuter in Erde zu setzen.

> Das Nachwachsen klappt besonders gut bei jüngeren Pflanzen oder jenen, die du erst frisch verwendet hast.

Gib mir mehr ... Müll: Upcycling-Ideen

Wegschmeißen? Ist was für Anfänger*innen. Es gibt viele Möglichkeiten, Altes wiederzuverwenden. Besonders für deinen Fensterbrettgarten musst du nicht tief in die Tasche greifen und dir teures Equipment zulegen. Die besten Anzuchttöpfe hast du sicherlich bereits zu Hause.

- **Klopapier- oder Küchenrollen:** Aus der Pappe von Toilettenpapier- und Küchenrollen lassen sich wunderbar kleine Anzuchttöpfe basteln. Die Rollen kannst du mit einer Schere in kleinere Stücke schneiden (Klopapierrollen halbieren, Küchenrollen vierteln) und auf einer wasserfesten Unterlage mit Erde befüllen.

- **Eierkartons:** Ebenso gut klappt es mit leeren Eierkartons. Der abgeschnittene Deckel kann zur Verstärkung als zweiter Boden genutzt werden, oder aber zur Beschriftung deiner Jungpflanzen dienen. Wichtig ist nur, dass der Deckel des Eierkartons keinen Schatten auf die Pflanzen wirft und so das Wachstum hemmt.

- **Saftpackungen:** Wenn du nicht den feuchten Geruch von Pappe in deinen vier Wänden haben möchtest, eignen sich leere und gut ausgewaschene Verpackungen von Milch oder Säften, die von innen beschichtet sind. Schneide die Packung in der Hälfte durch, bohre kleine Löcher in den Boden und zack, hast du ein ideales Pflanzgefäß.

- **Konservendosen:** Auch Konservendosen eignen sich als Anzuchtbehälter, größere sogar als Pflanztöpfe. Sie sehen nicht nur bedruckt besonders aus, sondern lassen sich auch individuell mit buntem Papier oder Acrylfarbe von außen verzieren. Allerdings solltest du bedenken, dass Konservendosen wasserundurchlässig sind und es somit schnell zu Staunässe kommen kann. Sorge deshalb dafür, dass das Gießwasser abfließen kann, indem du kleine Löcher in den Boden bohrst.

- **Plastikflaschen und Joghurtbecher:** Anstatt im Plastikmüll machen halbe Plastikflaschen oder Joghurtbecher mit ein paar Abflusslöchern versehen als Pflanztöpfe eine gute Figur. Aber Vorsicht: Je nach verwendetem Material kann es sein, dass Mikroplastik ausgewaschen und an deine Pflanzen abgegeben wird. Verwende deshalb nur Flaschen wieder, die bereits für Lebensmittel genutzt wurden.

- **Gläser und Geschirr:** Keine Idee, wohin mit Omas Suppenschüssel? Dann mach sie doch einfach zur Anzuchtschale, denn Gläser und Geschirr lassen sich zur Anzucht super zweckentfremden. Auch hier besteht jedoch die Gefahr der Staunässe, da sich das überschüssige Wasser am Boden sammelt. Deshalb empfiehlt es sich, Glas und Porzellan für die erste Phase des Regrowings zu benutzen oder für die Anzucht erst dann, wenn man den Wasserbedarf der Jungpflanzen sehr gut einschätzen kann.

Die wichtigste Lektion: Nur kein Stress

Fakt ist: Irgendwas wird immer anders laufen als geplant. Mach dir deswegen keinen Kopf – die Hauptsache ist, du legst erst mal los. Im Lauf der Zeit lernst du durch Versuch und Irrtum sowieso, was in deiner Wohnung (nicht) funktioniert.

Eins nach dem anderen: Motivation und Tatendrang sind essentiell und super, wenn es darum geht, sich einem neuen Hobby zu widmen. Genauso wie Pflanzen dürfen allerdings auch Projekte wachsen. Gib dir Zeit, dich nach und nach einzurichten, statt direkt mit dem Anspruch in die Gärtnerei zu fahren, das grünste Fensterbrett deiner Stadt einzurichten. Ganz nach dem Motto: „Gras wächst nicht schneller, wenn man daran zieht". Das hilft dir dabei, deine verfügbare Zeit für die Gartenarbeit und den Platz, den du nutzen kannst und möchtest, besser einzuschätzen.

Learning by doing: Nicht nach dem ersten Versuch aufgeben! Einiges klappt auf Anhieb im ersten Jahr, anderes in einem anderen. Mancher Topf ist zu klein, ein anderer zu groß, das eine Fensterbrett ist doch zu schattig, das andere zu heiß – oder vielleicht genau richtig, nur eben nicht für diese Gemüsesorte. Jedes Gartenjahr, jede Pflanze und jedes Zuhause sind anders. Probiere dich aus – ohne dabei den Kopf in den Sand zu stecken.

Weniger ist mehr: Viele neigen dazu, ihre Pflanzen zu überpflegen. Das liegt auf der Hand, denn kultivierte Gemüsepflanzen in Töpfen sind schließlich auf unsere Fürsorge angewiesen, da sie sich nicht selbst versorgen können. Während sie in der Natur meist wenig Aufmerksamkeit und Unterstützung durch den Menschen bekommen, sieht es auf dem Fensterbrett zwangsläufig ganz anders aus. Doch da liegt auch das Problem: Tägliches Gießen, Düngen und Umsorgen sind zwar lieb gemeint, haben nur leider meist den gegenteiligen Effekt.

Aber keine Sorge: Mit Hilfe der folgenden Infos wirst du genau wissen, was deine Pflanzen brauchen, um sich bei dir wohlzufühlen.

Kapitel 2

Volle Pflanzenkraft voraus!

Bevor du dich sofort in die Anzucht oder die nächste Gärtnerei stürzt, gibt es noch ein paar Dinge zu beachten, damit es mit der Ernte auch wirklich klappt. Daher ist es eine gute Idee, als ersten Schritt die eigene Situation unter die Lupe zu nehmen, um auf Grundlage der Bedingungen deiner Wohnung (Raum-/Stadtklima und Platzangebot) und deiner verfügbaren Zeit die richtigen Pflanzen für dich auszuwählen.

Ist das Fensterbrett hell genug? Die Lichtverhältnisse

Zunächst einmal benötigst du ein Fensterbrett, das zumindest 2 bis 3 Stunden Sonnenlicht abbekommt. Denn ohne ausreichendes Licht ist das Wachstum der Pflanzen stark eingeschränkt. Die Lichtbedürfnisse der Pflanzen werden in Sonne, Halbschatten und Schatten eingeteilt. Doch was heißt das eigentlich genau?

Sonne: Ein sonniges Fensterbrett erhält mindestens 6 bis 8 Stunden direkte Sonneneinstrahlung pro Tag. Solche Fensterbänke befinden sich normalerweise an einer Süd- oder Westseite des Hauses, wo die Pflanzen viel Helligkeit und Wärme ausgesetzt sind.

Halbschatten: Ein halbschattiges Fensterbrett bekommt entweder nur morgens oder abends Sonne ab (Ost- oder Westseite des Hauses) oder wird teilweise von Bäumen oder Gebäuden beschattet. Insgesamt scheint die Sonne hier etwa 4 bis 6 Stunden pro Tag.

Schatten: Schattige Fensterbretter haben eine sehr begrenzte oder so gut wie gar keine direkte Sonneneinstrahlung. Sie befinden sich meist an der Nordseite der Wohnung oder sind vollständig von Bäumen oder Bauwerken beschattet.
Um das perfekte Fensterbrett für dein Gartenprojekt zu finden, kannst du zu einer Kompass-App greifen, die dir die Himmelsrichtung anzeigt. Beachte dabei, dass Bäume oder Häuserwände Schatten werfen könnten.

Die richtige Pflanzenwahl für dein Fensterbrett

Neben den richtigen Lichtverhältnissen hast du es auf dem Fensterbrett wahrscheinlich vor allem mit einer Herausforderung zu tun: dem begrenzten Platz.

Deshalb ist es wichtig, die richtigen Pflanzen auszuwählen, die auch auf ein Fensterbrett passen. Grundsätzlich gibt es nämlich sehr viele Gemüsearten, die in Töpfen wachsen können. Kürbisse beispielsweise brauchen einen Topf, der mindestens 50 l Erde fassen kann, um ihre großen Früchte auszubilden. Die Kürbispflanzen erreichen trotz ihres geringen Wurzelraums dann eine Länge von 2 bis 3 m. Ob eine Pflanze also auch im Kübel kultiviert werden kann oder nicht, ist nicht das alleinige Auswahlkriterium für deinen Fensterbrettgarten. Vielmehr kommt es auf die benötigte Topfgröße und auf die Größe der ausgewachsenen Pflanze an.

In Onlineshops und lokalen Pflanzengeschäften gibt es oft eine große Auswahl an unterschiedlichem Saatgut pro Sorte. Zwerg- oder Snackzüchtungen geben sich auch mit kleinen Töpfen und wenig Platz zufrieden. Dabei handelt es sich um kompakte Sorten, die relativ klein bleiben, aber trotzdem ertragreich sind. Sie sind sozusagen die Miniversion ihrer großen Geschwister (z. B. Snackgurken und Salatgurken). Welche Gemüsesorten besonders gut für das Fensterbrett geeignet sind, erfährst du in den Sortenempfehlungen der jeweiligen Pflanzenporträts ab Seite 60.

Außerdem ist es sinnvoll, als weiteres Kriterium die eigenen Vorlieben zu wählen. Natürlich kannst du Gemüse auf dem Fensterbrett anbauen, weil es sich an diesem Standort wohlfühlt. Noch besser ist es aber, wenn dir das Gemüse auch schmeckt.

Erst mal orientieren: Der Standortcheck

Der erste Schritt ist ein gründlicher Fensterbrett-Lagecheck. Neben ausreichend Licht brauchst du ein Fensterbrett, auf dem (auch größere) Töpfe Platz finden. Am besten nimmst du nun kurz ein Maßband zur Hand, damit du weißt, wie groß die Pflanzgefäße für dein Fensterbrett maximal sein dürfen. Denn das ist nicht nur gut zu wissen, falls du dir noch welche besorgen willst, sondern auch ausschlaggebend dafür, welche Pflanzen bei dir einziehen können und sich bei dir, je nach Fensterbrett-Ausrichtung, wohlfühlen:

SÜDEN

Sonne

Tomate, Paprika,
Chili, Basilikum,
Snackgurke,
Kapuzinerkresse,
Rosmarin, Salbei,
Thymian, Lavendel

Radieschen, Karotte,
Schnittlauch, Erbse,
Erdbeere, Knoblauch,
Heidelbeere, Salat,
Minze, Rote Bete

OSTEN

WESTEN

Halbschatten
mind. 4 bis 6 h Sonne

Salat, Rucola, Spinat,
Radieschen, Mangold,
Petersilie, Kresse,
Walderdbeere

Schatten
mind. 2 h Sonne

NORDEN

Outdoor/Indoor: Pflanzen für West- und Süd-fensterbretter bzw. Pflanzen für vollsonnige Standorte mit über 6 Sonnenstunden am Tag: z. B. Tomate, Paprika, Chili, Basilikum, Snackgurke, Kapuzinerkresse, Rosmarin, Salbei, Thymian, Lavendel

Outdoor: Pflanzen für Ost- und Westfensterbretter bzw. Pflanzen für den Halbschatten mit 4 bis 6 Sonnenstunden am Tag: z. B. Radieschen, Karotte, Schnittlauch, Erbse, Erdbeere, Knoblauch, Heidelbeere, Salat, Minze, Rote Bete

Indoor: Pflanzen für innenliegende Fensterbretter mit mindestens 2 Sonnenstunden am Tag: z. B. Kopfsalat, Rucola, Spinat, Radieschen, Mangold, Petersilie, Gartenkresse, Walderdbeere

Outdoor: Pflanzen für schattige Ost- und Nord-fensterbretter bzw. Pflanzen für den Schatten mit mindestens 2 Sonnenstunden am Tag: z. B. Kopfsalat, Rucola, Spinat, Radieschen, Mangold, Petersilie, Gartenkresse, Walderdbeere

Eine Frage der Zeit: Wie aufwendig wird das?

Bist du eher der Typ „möglichst wenig Aufwand"? Oder willst du tüfteln, hegen, pflegen, streicheln? Auch diese Frage beantwortest du dir am besten schon, bevor du deinen Mini-Garten anlegst. Wie viel Zeit kannst und möchtest du investieren?

Denn nicht nur das regelmäßige Gießen nimmt Zeit in Anspruch, auch die Pflanzenpflege kann je nach Pflanzenauswahl zu einem kleinen Zeitfresser werden. Wenn du gerne verreist oder öfter beruflich unterwegs bist, solltest du schon bei der Planung deines Fensterbrettgartens darauf achten, Pflanzen auszuwählen, die nicht so pflegeintensiv sind (Beispiele findest du auf Seite 76). Alternativ kannst du Freund*innen oder Nachbar*innen bitten, während deiner Abwesenheit nach deinem Garten zu schauen.

Keine Lust auf Fremdbetreuung? Auch okay: Je nach Gemüsesorte brauchen die Pflanzen vom Tag der Aussaat bis zur Ernte mindestens 6 Wochen, manchmal auch ein halbes Jahr oder sogar mehrere Jahre. Wenn du dir also nur für einen bestimmten Zeitraum einen Fensterbrettgarten anlegen möchtest, ohne dich um eine Urlaubsvertretung zu kümmern, findest du die Kulturdauer der einzelnen Gemüsepflanzen in den Pflanzenporträts (ab Seite 60). So kannst du dir easy deinen Garten zusammenstellen, ohne monatelang auf die Ernte warten zu müssen.

Falls du dein Gemüse selbst anziehen möchtest, solltest du besonders im Frühjahr etwas mehr Zeit für deinen Garten einplanen. Vor allem die Anzucht von Jungpflanzen ist zeitintensiv, da diese vereinzelt, umgetopft und täglich gegossen werden wollen.

Falls sich kurzzeitig jemand anders um deinen Mini-Garten kümmert: Besprich am besten vorab mit deinem*deiner Freund*in, was die Pflanzen jeweils brauchen.

Schnell, schneller, Microgreens

Geduld ist so gar nicht deine Stärke? Dann heißt dein perfektes Match: Microgreens. Das sind Pflanzenkeimlinge, die schon nach 1 bis 2 Wochen erntebereit sind. Es sind sozusagen winzige Gemüsepflanzen voller Geschmack und Nährstoffe. Da sie so früh geerntet werden, enthalten sie im Vergleich zu ausgewachsenem Gemüse weniger Kalorien, aber eine höhere Konzentration an Vitaminen, Mineralstoffen und Antioxidantien.

Kresse kannst du innerhalb kürzester Zeit ernten – perfekt, wenn's mal schnell gehen soll.

Die Anzucht von Microgreens ist super einfach. Du benötigst dafür nur Microgreen-Samen (z. B. Rucola, Kresse, Brokkoli, Radieschen, Basilikum oder Rote Bete), ein flaches Behältnis mit Abflusslöchern und Anzuchterde oder Hanfmatten – und dann kannst du auch schon loslegen.

Fülle den Behälter mit einer dünnen Schicht Anzuchterde oder lege eine Hanfmatte hinein. Verteile dann die Samen gleichmäßig über die Erde. Du kannst sie ruhig dicht aneinander säen, da sie geerntet werden, bevor sie groß werden und mehr Platz brauchen. Befeuchte die Erde im Anschluss vorsichtig, damit die Samen nicht wegschwimmen, und bedecke den Behälter mit einem Deckel (wenn du einen hast), damit ein feuchtes Klima entstehen kann. Und nun ab damit auf das helle Fensterbrett!

Sobald die Samen nach 1 bis 2 Tagen keimen, kannst du die Abdeckung entfernen. Microgreens benötigen viel Licht, idealerweise direktes Sonnenlicht oder eine künstliche Lichtquelle wie etwa eine Pflanzenlampe. Sorge auch für ausreichende Belüftung, um Schimmelbildung zu vermeiden. Halte den Boden feucht, indem du die Microgreens regelmäßig und sanft (am besten von unten) bewässerst. Aber Vorsicht: Auch Microgreens mögen keine Staunässe.
Nach ein paar Tagen, wenn die Microgreens ihre ersten Blätter entwickeln und ca. 5 bis 7 cm hochgewachsen sind, kannst du sie ernten. Schneide sie hierzu knapp über dem Boden mit einer sauberen Schere ab.

In den Bereich Zeitaufwand und Vorausplanung fällt natürlich auch die Bewässerung: Wenn du oft unterwegs bist oder hin und wieder vergisst, die Pflanzen zu gießen – mal ehrlich, wem wäre das noch nicht passiert? –, brauchst du ein cleveres Bewässerungssystem, das dich nicht im Stich lässt.

• **Bewässerungskugeln/Flaschen:** Bewässerungskugeln sind hohle Kugeln aus Glas oder Plastik mit einer schmalen Öffnung. Sie werden mit Wasser gefüllt und geben langsam Feuchtigkeit an die Pflanze ab, indem die trockene Erde das Wasser aus der Kugel aufsaugt. Genau so funktioniert es mit einer Wasserflasche, deren Deckel mit einem Loch versehen und dann kopfüber in den Pflanztopf gesteckt wird. Aufgrund des eher geringen Volumens der Kugel bzw. Flasche kannst du deine Pflanzen je nach Wasserbedarf und Standort ein paar Tage mit Wasser versorgen.

• **Dochtbewässerung:** Bei diesem System wird eine Schnur (z. B. aus Baumwolle) in einen Eimer und mit dem anderen Ende in die Erde des Topfs gesteckt. Der Docht transportiert das Wasser dann aus dem Eimer zur Pflanze, sodass sie kontinuierlich mit Wasser versorgt wird. Das funktioniert auch, wenn mehrere Dochte in den Eimer führen. Da der Eimer einige Liter Wasser fassen kann, kommen deine Pflanzen je nach Bedarf und Standort bis zu 2 Wochen über die Runden.

• **Tröpfchenbewässerung:** Tröpfchenbewässerungen bestehen aus kleinen Schläuchen oder Röhren mit Tropfern, die das Wasser direkt an die Wurzeln der Pflanzen abgeben. Je nach System kann der Schlauch an einen Wasserhahn angeschlossen oder mit einer Solarpumpe und einem Wasserreservoir verbunden werden. Auch bei diesem Bewässerungssystem ist die Dauer der Versorgung davon abhängig, wie hoch der Wasserbedarf deiner Pflanzen ist und wie viele Liter Wasser in den Behälter passen.

• **Pflanztöpfe mit Wasserreservoir:** Statt von außen ein Bewässerungssystem anzuschließen, kannst du auch auf Pflanzgefäße mit einem Wasserreservoir zurückgreifen. Die Pflanzen nehmen hierbei das benötigte Wasser aus dem integrierten Reservoir auf, ohne dabei zu überwässern. Selbstbewässernde Pflanztöpfe benötigen aufgrund des Reservoirs zwar mehr Platz auf dem Fensterbrett, dafür hast du keine störenden Schnüre und Kabel in der Wohnung herumliegen.

Bleibt noch die Frage nach der Wassermenge. „Mäßig gießen" ist bei vielen Pflanzen der Pflegehinweis. Schön und gut – aber was heißt denn bitte „mäßig"? Woran erkennst du, ob du zu viel oder zu wenig gegossen hast? Und wenn du es mal zu gut gemeint hast, lässt sich das irgendwie rückgängig machen? Was tun, wenn auf einmal Schimmel im Topf zu sehen ist? Keine Panik – in aller Regel lassen sich deine grünen Babys noch retten.

So wie bei uns Menschen ist das Wasser auch für Pflanzen das Lebenselixier. Klar, dass man es da gut mit ihnen meint und sie auf keinen Fall unterversorgen möchte. Aber in Bezug auf das Gießen gilt immer: lieber weniger als zu viel. Denn Pflanzen, die in zu feuchter Erde stehen, können von Trauermücken befallen werden (lies dazu auf Seite 114 weiter), schimmeln oder Wurzelfäule bekommen – und im schlimmsten Fall absterben. Mit ein bisschen Erfahrung erkennt man durstige Pflanzen auf Anhieb: Sie rollen ihre Blätter leicht ein und lassen sie schlaff nach unten hängen.

(lies dazu auf Seite 114 weiter)

Die Fingerprobe:

Bevor du gießt, solltest du immer den Feuchtigkeitsgehalt der Erde überprüfen, um die Pflanze nicht zu überwässern. Stecke hierzu einfach deinen Finger etwa 2 cm tief in den Boden. Wenn du ihn herausziehst und noch feuchte Erde an dem Finger haftet, solltest du lieber nochmal 1 bis 2 Tage warten, bevor du erneut gießt. Fühlt sich die Erde trocken an, ist es der perfekte Zeitpunkt für eine Erfrischung.

Gieße deine Gemüsepflanzen auf dem Fensterbrett am besten morgens oder abends. In der Mittagshitze kann das Wasser ansonsten schnell verdunsten, bevor die Pflanzen ausreichend davon aufnehmen können, oder wie ein Brennglas auf den Blättern wirken. Sorge außerdem dafür, dass überschüssiges Wasser durch ein Abflussloch im Boden des Topfes ablaufen kann. Beim Gießen sollte der gesamte Wurzelballen mit Wasser in Berührung kommen. Benetze die Erde daher so gründlich, dass das Wasser durch die Abflusslöcher wieder herausläuft.

Wurzelfäule

Wurzelfäule ist eine Pilzkrankheit, die entsteht, wenn sich das Wasser im Topf staut. Infizierte Wurzeln können eine Pflanze nicht mehr mit Wasser und Nährstoffen versorgen. Die betroffenen Pflanzen sehen dann welk und geschwächt aus (Achtung: leicht zu verwechseln mit durstigen Pflanzen, daher die Fingerprobe nicht vergessen) und entwickeln gelbe oder braune Blätter.

Die Wurzeln selbst sind nicht mehr weiß, sondern braun oder schwarz und matschig. Wenn die Wurzelfäule nicht behandelt wird, kann sie zum Absterben der Pflanze führen. Ist eine Pflanze betroffen, solltest du deshalb schnell die erkrankten Pflanzenteile entfernen, die Pflanze in neue Erde umtopfen und die Bewässerungsmenge ab sofort reduzieren. Abflusslöcher in den Töpfen helfen dir dabei, Staunässe zu verhindern.

Schimmel auf der Erde

Wenn du Schimmel in deinem Topf bemerkst, hast du es mit dem Gießen zu gut gemeint. Schimmel tritt oft auf, wenn die Erde zu feucht ist und nicht ausreichend belüftet wird. Aber keine Sorge: Wenn der Schimmel nur oberflächlich auf der Erde ist, kannst du ihn ganz vorsichtig mit einem Löffel abkratzen. Im Anschluss solltest du die Pflanze ab sofort weniger gießen und zusätzlich die Erde mit einer Gabel etwas auflockern, ohne dabei die Wurzeln der Pflanze aus Versehen zu beschädigen. Ist allerdings nicht nur die Oberfläche der Erde befallen, ist es ratsam, die Pflanze umzutopfen und die alte Erde zu entsorgen. Reinige den Topf gründlich, bevor du ihn anschließend wieder mit neuer Erde befüllst, damit sich der Schimmelpilz nicht wieder ausbreitet.

Achtung: Weiße Flecken auf der Erde sind nicht zwingend Schimmel. Wenn dein Leitungswasser sehr kalkhaltig ist, kann es sich auch um Kalkflecken handeln. Sie entstehen, wenn das Wasser verdunstet und mineralische Rückstände zurücklässt. Während feste, weiße Kalkflecken stellenweise auf trockener Erde zu finden sind, mag der weiß-gräulich-grüne Schimmel eine hohe Feuchtigkeit und riecht zudem modrig. Kalkflecken kannst du einfach abkratzen.

Tipp: Verzichte darauf, die Blätter der Pflanzen zu gießen. Neben unschönen Kalkflecken können auch Pilzkrankheiten wie Mehltau (Seite 70) gefördert werden. Es gibt nur einige wenige Obst- und Gemüsepflanzen wie Bananen oder Sauerampfer, die sich über eine hohe Luftfeuchtigkeit freuen.

Natürlich haben verschiedene Gemüsepflanzen auch unterschiedliche Bedürfnisse, deshalb ist es wichtig zu wissen, wie viel Gießen dein Gemüse braucht und verträgt. So benötigen Tomaten und Gurken beispielsweise viel mehr Wasser als Radieschen oder ein Kohlrabi. Allerdings ist der Durst einer Pflanze natürlich neben der Pflanzenart auch abhängig von ihrem Standort, der Umgebungstemperatur, dem Wind und dem Material des Topfes. Den individuellen Wasserbedarf der Pflanzen findest du deshalb jeweils in den Pflanzenporträts ab Seite 60.

- **Geringer Wasserbedarf** (im Sommer ca. 1 x pro Woche gießen): z. B. Rosmarin, Radieschen, Karotte

- **Mittlerer Wasserbedarf** (im Sommer ca. alle 3 bis 4 Tage gießen): z. B. Paprika, Pflücksalat, Kohlrabi

- **Hoher Wasserbedarf** (im Sommer ca. alle 1 bis 2 Tage gießen): z. B. Tomate, Snackgurke, Zucchino

Wasser sparen

Pflanzen lieben Regenwasser! Anders als Leitungswasser ist es unbehandelt, salzarm, kalkfrei und voller natürlicher Mineralien. Falls du die Möglichkeit hast, Regenwasser aufzufangen, sparst du nicht nur Wasserkosten, sondern tust deinen grünen Freundinnen auch was richtig Gutes.

Alternativ kannst du das Wasser aus einem Aquarium oder ungesalzenes, abgekühltes Kochwasser vom Gemüse- und Eierkochen verwenden. Auch das Wasser, das ungenutzt im Abfluss versickert, während du auf die richtige Temperatur in der Dusche wartest, kann zum Gießen genutzt werden.

Was wächst wann?

Apropos Zeit: Da war doch noch was mit Jahreszeiten ... Je nachdem, in welchem Monat du anpflanzen und ernten willst, solltest du die Pflanze(n) entsprechend wählen: Was wächst wann am besten? Und wann ist Erntezeit?

Monat	Aussaat von Samen	Ernte
Januar	(mit Kunstlicht) Chili, Paprika, Aubergine, Gartenkresse	Grünkohl, Spinat, Mangold, Gartenkresse
Februar	Chili, Paprika, Aubergine, Kohlrabi, Salat, Erdbeere, Melonenbirne, Koriander, Gartenkresse	Grünkohl, Mangold, Gartenkresse
März	Tomate, Kohlrabi, Karotte, Rote Bete, Erbse, Salat, Gartenkresse, Radieschen, Erdbeere, Melonenbirne, Minze, Zitronenmelisse, Koriander, Rosmarin, Schnittlauch, Salbei, Petersilie, Thymian, Kapuzinerkresse, Ringelblume, Kornblume, Lavendel, Spinat, Mangold, Bärlauch	Gartenkresse, Bärlauch
April	Tomate, Snackgurke, Zucchino, Kohlrabi, Karotte, Rote Bete, Erbse, Salat, Gartenkresse, Radieschen, Erdbeere, Melonenbirne, Mini-Wassermelone, Basilikum, Minze, Zitronenmelisse, Koriander, Dill, Rosmarin, Schnittlauch, Salbei, Petersilie, Thymian, Kapuzinerkresse, Ringelblume, Kornblume, Lavendel, Spinat, Mangold	Salat, Gartenkresse, Rosmarin, Thymian, Bärlauch, Spinat
Mai	Snackgurke, Zucchino, Kohlrabi, Rote Bete, Erbse, Salat, Gartenkresse, Radieschen, Mini-Wassermelone, Basilikum, Minze, Zitronenmelisse, Dill, Rosmarin, Salbei, Petersilie, Thymian, Kapuzinerkresse, Lavendel, Spinat, Mangold	Kohlrabi, Erbse, Salat, Gartenkresse, Radieschen, Rosmarin, Schnittlauch, Knoblauch, Spinat, Bärlauch

Juni	Kohlrabi, Rote Bete, Erbse, Salat, Gartenkresse, Radieschen, Minze, Zitronenmelisse, Dill, Rosmarin, Grünkohl, Spinat	Snackgurke, Zucchino, Kohlrabi, Karotte, Rote Bete, Erbse, Salat, Gartenkresse, Radieschen, Erdbeere, Basilikum, Minze, Zitronenmelisse, Koriander, Rosmarin, Schnittlauch, Salbei, Petersilie, Thymian, Kapuzinerkresse, Kornblume, Knoblauch, Spinat, Mangold
Juli	Kohlrabi, Erbse, Salat, Gartenkresse, Radieschen, Rosmarin, Grünkohl, Spinat	Tomate, Aubergine, Snackgurke, Zucchino, Kohlrabi, Karotte, Rote Bete, Erbse, Salat, Gartenkresse, Radieschen, Erdbeere, Heidelbeere, Melonenbirne, Basilikum, Minze, Zitronenmelisse, Koriander, Dill, Rosmarin, Schnittlauch, Salbei, Petersilie, Thymian, Kapuzinerkresse, Ringelblume, Kornblume, Lavendel, Knoblauch, Spinat, Mangold
August	Salat, Gartenkresse, Radieschen, Feldsalat, Spinat	Tomate, Aubergine, Paprika, Chili, Snackgurke, Zucchino, Kohlrabi, Karotte, Rote Bete, Erbse, Salat, Gartenkresse, Radieschen, Erdbeere, Heidelbeere, Melonenbirne, Mini-Wassermelone, Basilikum, Minze, Zitronenmelisse, Koriander, Dill, Rosmarin, Schnittlauch, Salbei, Petersilie, Thymian, Kapuzinerkresse, Ringelblume, Kornblume, Lavendel, Spinat, Mangold
September	Salat, Gartenkresse, Radieschen, Feldsalat, Winterportulak, Spinat	Tomate, Aubergine, Paprika, Chili, Snackgurke, Zucchino, Kohlrabi, Rote Bete, Erbse, Salat, Gartenkresse, Radieschen, Erdbeere, Melonenbirne, Mini-Wassermelone, Basilikum, Minze, Zitronenmelisse, Koriander, Dill, Rosmarin, Schnittlauch, Salbei, Petersilie, Thymian, Kapuzinerkresse, Ringelblume, Lavendel, Spinat, Mangold

Oktober	Gartenkresse, Feldsalat, Knoblauch (stecken), Winterportulak, Spinat	Tomate, Aubergine, Paprika, Chili, Kohlrabi, Rote Bete, Erbse, Salat, Gartenkresse, Radieschen, Erdbeere, Melonenbirne, Mini-Wassermelone, Basilikum, Minze, Spinat, Zitronenmelisse, Koriander, Dill, Rosmarin, Lavendel, Schnittlauch, Salbei, Petersilie, Thymian, Kapuzinerkresse, Feldsalat, Spinat, Mangold
November	Knoblauch (stecken), Spinat, Gartenkresse	Einjährige Kräuter, Salat, Gartenkresse, Radieschen, Melonenbirne, Feldsalat, Winterportulak, Spinat, Mangold, Rote Bete
Dezember		Gartenkresse, Feldsalat, Grünkohl, Winterportulak, Mangold, Rote Bete

Dein Fensterbrettgarten im Winter

Draußen wird es kälter, du kuschelst dich ein, drehst die Heizung auf ... und stellst erschrocken fest, dass deine Pflanzen gar nicht mehr so fresh aussehen. Oh-oh. War's das jetzt mit dem Fensterbrettgarten? Nein, keine Sorge.

Damit dein kleiner Indoor-Garten glücklich und gesund über die kalte Jahreszeit kommt, bereitest du ihn einfach rechtzeitig auf Heizungsluft und die dunkleren Tage vor. Das Gleiche gilt natürlich für dein außenliegendes Fensterbrett: Was kannst du tun, damit Feldsalat, Chili und Co. gesund und munter überwintern?

Nicht wundern: Es kann passieren, dass nicht alle Pflanzen den Winter überleben. Das hat nichts mit deinem grünen Daumen zu tun, sondern damit, ob es sich um ein- oder mehrjährige Pflanzen handelt.

Ein- und mehrjährige Pflanzen

Einjährige Pflanzen haben einen Lebenszyklus von nur einem Jahr. Sie keimen, wachsen, blühen, bilden Früchte aus und sterben innerhalb eines Jahres ab. Deshalb müssen sie jedes Jahr neu aus Samen oder Setzlingen gezogen werden, um ihren Zyklus fortzusetzen, und können nicht überwintert werden. Dazu gehören zum Beispiel Radieschen, Gurken und Zucchini. Hingegen keimen, wachsen, blühen und bilden die mehrjährigen Pflanzen ihre Früchte in aufeinanderfolgenden Jahren aus. Im Gegensatz zu einjährigen Pflanzen sterben sie nach der Blüte nicht vollständig ab, sondern können im nächsten Jahr erneut austreiben. In der Regel haben sie eine Ruhephase im Winter und beginnen im Frühling erneut zu wachsen. Beispiele sind unter anderem Erdbeeren, Mangold und die meisten Kräuter. Auch Paprika- und Chilipflanzen können überwintert werden, allerdings solltest du sie rechtzeitig ins Haus an einen kühlen Standort am Fenster holen, bevor sie bei zu tiefen Außentemperaturen Schäden erleiden.

<u>Winterharte Pflanzen</u>, also solche, die Frost vertragen, können im Winter ruhig draußen auf deinem Fensterbrett stehen bleiben. Sie gewöhnen sich durch den Jahreszeitenwechsel automatisch an niedrigere Temperaturen.

<u>Kälteschutz:</u> Du kannst deine mehrjährigen Pflanzen vor Kälteeinbrüchen schützen, indem du die Töpfe mit einer Laubschicht oder einem Vlies, Kokosmatten oder Jute abdeckst. Falls es sehr windig ist, solltest du die Abdeckungen unbedingt gegen das Wegwehen sichern. Besonders Fensterbretter aus

Rote Bete ist hart im Nehmen und braucht bis -5 °C keinen Kälteschutz. Ernten solltest du sie an frostfreien Tagen.

Stein oder Beton geben die Kälte von unten an die Pflanze ab. Hier kannst du zum Dämmen eine Holzplatte oder Kork- bzw. Styropormatte unterlegen und entfernen, sobald es im Frühjahr wieder heller und wärmer wird.

Pflanzen, die zwar mehrjährig, aber nicht winterhart sind, müssen auf jeden Fall vor Frost geschützt werden und demnach rechtzeitig in ihr Winterquartier umziehen. Sie können nicht auf dem Fensterbrett bleiben, sondern brauchen einen hellen, kühlen Platz im Schlafzimmer oder im unbeheizten Treppenhaus. Ideal sind Temperaturen zwischen 10 und 15 °C, aber das ist in den meisten Wohnungen schwer zu realisieren. Deshalb sollte der Standort zumindest nicht mehr als 20 °C haben. Manche Pflanzen werfen ihre Blätter ab, um im Frühjahr neu auszutreiben – das ist total normal und Teil des Überwinterungsprozesses.

Insbesondere tropische Pflanzen wie Chilis sind eine hohe Luftfeuchtigkeit gewohnt und bekommen in trockenen, warmen Wohnungen oft trockene Blattspitzen oder Besuch von Blattlaus und Co. Kontrolliere deine Pflanzen im Winterquartier deshalb regelmäßig und schenke ihnen ab und zu eine leichte Dusche aus der Sprühflasche.

<u>Gießen im Winter:</u> Auch wenn das Pflanzenwachstum stark verlangsamt und im Winterschlaf ist, verdunstet Feuchtigkeit über die Blätter. Deshalb wollen deine Gemüsepflanzen auch im Winter regelmäßig gegossen werden. Sie haben zwar einen viel geringeren Wasserbedarf als im Sommer, trotzdem dürfen sie nicht vollständig austrocknen. Je heller und wärmer eine Pflanze überwintert wird, desto mehr Wasser benötigt sie.

Da sich die Pflanzen draußen am wohlsten fühlen, müssen sie (genau wie Jungpflanzen) nach dem Winter Stück für Stück wieder an die Außenbedingungen gewöhnt werden. Anfang bis Mitte Mai ist deshalb die beste Zeit, um die Pflanzen tagsüber wieder ins Freie zu bringen und abzuhärten. Besonders Kräuter freuen sich jetzt über einen neuen Haarschnitt oder einen größeren Topf für die angehende Saison. Außerdem kannst du langsam beginnen, deine Pflanzen beim Wachsen mit Dünger zu unterstützen.

Let it grow: Richtig düngen

Wir brauchen alle hin und wieder mal einen Power-Boost – auch (oder erst recht) dein Fensterbrettgarten. Denn anders als im Outdoor-Beet gibt es in den Gemüsetöpfen nicht allzu viele tierische Helfer, die die Erde auflockern etc. Für die nötigen Nährstoffe musst du also selbst sorgen.

Viele deiner Gemüsepflanzen müssen in den Sommermonaten gedüngt werden, da die in der Erde vorhandenen Nährstoffe aufgrund des begrenzten Wurzelraumes und der wenigen Erde in den Töpfen oder Pflanzgefäßen schnell aufgebraucht sind. Außerdem werden die Nährstoffe automatisch Stück für Stück beim Gießen ausgewaschen. Ohne Nährstoffe können deine Pflanzen nicht wachsen, keine Früchte ausbilden und werden schnell krank. Genauso wie wir Menschen brauchen sie deshalb unterschiedliche Mineralien und Vitamine, die jeweils bestimmte Aufgaben im Pflanzenorganismus übernehmen. Die Wichtigsten sind Stickstoff, Phosphor und Kalium:

• Stickstoff (N): Stickstoff ist für das Wachstum und die Entwicklung von grünen Blättern und Stängeln verantwortlich. Er ist entscheidend für die Photosynthese und damit für die Versorgung der Pflanze. Typische Anzeichen eines Stickstoffmangels: kaum Wachstum, sehr hellgrüne oder gelbe Blätter, geschwächte Pflanze, Abwurf von Blättern, auffällig kleine Blätter.

• Phosphor (P): Phosphor ist wichtig für die Entwicklung eines starken Wurzelsystems und die Förderung der Blüten- und Fruchtbildung. Außerdem wird der Stoffwechsel der Pflanze angekurbelt. Typische Anzeichen eines Phosphormangels: verlangsamtes Wachstum, lila-schwarze Verfärbung an den Blättern und Trieben, wenig Blüten, schwache Wurzeln.

• Kalium (K): Kalium unterstützt die allgemeine Gesundheit deiner Gemüsepflanze und verbessert ihre Abwehrkräfte gegen Krankheiten und ungebetene Gäste wie Blattläuse und Co. Kalium hilft der Pflanze auch dabei, Wasser und Nährstoffe aufzunehmen, sowie bei der Reifung von Früchten. Typische Anzeichen eines Kaliummangels: Ältere Blätter kriegen einen gelben oder weißen Rand (jüngere Blätter bleiben grün), trockene, braune oder sogar schwarze Blattspitzen (Randnekrosen), nach innen gewölbte Blätter, Pilzinfektionen, geschwächte Pflanze, kleine Früchte ohne viel Geschmack.

Mit zunehmender Erfahrung und ein bisschen Hintergrund-wissen wirst du schon bald auf den ersten Blick an den Blättern erkennen, welcher Nährstoff deinem Gemüse fehlt. Wenn du dir mit dem „Lesen" der Bedürfnisse deiner Pflanze noch unsicher bist, kannst du ihre Krankheitssymptome auch mit Hilfe von Apps bestimmen.

Frisch gekaufte Universalerde ist oft vorgedüngt und enthält meist Nährstoffe für die ersten 6 bis 8 Wochen. Die genauen Angaben kannst du der Verpackung entnehmen. Spätestens 2 Monate nach dem Umtopfen der Pflanze solltest du also anfangen, regelmäßig mit Düngergaben nachzuhelfen, um deine Lieblinge gut zu versorgen.

Während die meisten Kräuter auch mit wenig Dünger gut zurechtkommen, weil sie einen nährstoffarmen Boden bevorzugen, brauchen deine Gemüsepflanzen definitiv eine Nährstoffzufuhr. Sie lassen sich je nach Nährstoffbedarf in Schwach-, Mittel- und Starkzehrer einteilen. Den individuellen Nährstoffbedarf der Pflanzen findest du in den Pflanzenporträts ab Seite 60.

Schwachzehrer: kaum düngen, höchstens einmal beim Einpflanzen mit einem Langzeitdünger, z. B. Radieschen, Rucola, Erbsen, Karotte

Mittelzehrer: moderat düngen, beim Einpflanzen mit einem Langzeitdünger und dann alle 4 bis 6 Wochen in der Hauptwachstumszeit, z. B. Kohlrabi, Spinat, Basilikum, Pflücksalat, Erdbeere, Rote Bete

Starkzehrer: regelmäßig düngen, alle 2 Wochen in der Hauptwachstumszeit, z. B. Auberginen, Paprika, Tomate, Zucchino

Es gibt unzählige Möglichkeiten, deinen Pflanzen die Nährstoffe zuzuführen, die sie brauchen. Lass dich von den ganzen unterschiedlichen Düngemitteln in den Regalen nicht verwirren. Für deinen Fensterbrettgarten kommst du mit einem organischen Universal-Gemüsedünger bestens über die Runden.

Fester Dünger: Fester Dünger wird direkt beim Einpflanzen oder Umtopfen mit in den Topf gegeben und gibt seine Nährstoffe erst nach und nach frei, weshalb er auch als Langzeitdünger bezeichnet wird. Meist handelt es sich dabei um Pellets (z. B. aus Schafwolle) oder Pulver (z. B. Urgesteinsmehl). Angebrochene Packungen können in der Wohnung unangenehm riechen, weshalb sich die Lagerung in einem luftdichten Schraubglas empfiehlt.

Flüssiger Dünger: Anders als beim Langzeitdünger können die Nährstoffe eines Flüssigdüngers wesentlich schneller durch die Wurzeln von den Pflanzen aufgenommen werden. Du kannst ihn mit Blick auf die Dosierungsanleitung einfach ins Gießwasser mischen und dadurch schnell Erste Hilfe leisten, sobald du einen Nährstoffmangel an deinen Pflanzen erkennst.

Achtung: Falls du Pflanztöpfe mit Wasserreservoir benutzt, kann es passieren, dass sich der Flüssigdünger im Reservoir sammelt und bei hohen Temperaturen im Sommer unangenehm zu riechen beginnt.

Kitchen Club: Dünger direkt aus der Küche

Klar, Nährstoffe für die Pflanzenerde kannst du dir jederzeit aus dem Bau- oder Supermarkt holen ... oder aber du nimmst das, was du ohnehin schon in der Küche hast: zum Beispiel Kaffeesatz oder das ungesalzene Wasser vom Kartoffelkochen. Da hört die Liste aber natürlich noch lang nicht auf – wenn du experimentierfreudig bist, versuch es doch mal mit einer Wurmkiste oder einem Bokashi-Eimer.

Kaffeesatz: Kaffeesatz enthält nicht nur eine Vielzahl von Nährstoffen, sondern hat auch einen niedrigen pH-Wert. Er sorgt somit für einen sauren Boden, den besonders Heidelbeeren lieben. Es reicht, wenn du den getrockneten Kaffeesatz im Sommer einmal pro Monat auf die Erde gibst und mit einer Gabel leicht in die Erdoberfläche einarbeitest.

Eierschalen: Eierschalen enthalten viel Calcium (gut für Stoffwechsel und Blütenbildung) und sind eher basisch. Zerkleinert oder gemahlen, unterstützen sie nicht nur das Wachstum der Pflanzen, sondern können zu sauren Boden auch neutralisieren. Um es nicht zu übertreiben, reicht es vollkommen, wenn du alle 2 bis 3 Wochen im Sommer einen Esslöffel getrocknete und zerkleinerte Eierschalen unter die Erde mischst.

Ungesalzenes Kartoffelwasser: Beim Kochen von Kartoffeln werden Nährstoffe wie Stärke, Vitamine und Mineralstoffe in das Kochwasser abgegeben. Anstatt es wegzugießen, kannst du es abkühlen lassen und dann mit Gießwasser im Verhältnis 1:10 verdünnen. Besonders Tomaten, Paprika und Gurken freuen sich einmal pro Monat über verdünntes und vor allem ungesalzenes (!) Kartoffelwasser.

Bananentee: Auch aus Bananen kann ein super Dünger hergestellt werden, der vor allem Kalium, Calcium und Magnesium enthält. Dafür musst du die Schalen von 2 bis 3 unbehandelten Bio-Bananen in kleine Stücke schneiden und mit heißem Wasser aufgießen. Lasse den Tee über Nacht ziehen. Am nächsten Tag kannst du die Schalen heraussieben und den Bananentee im Verhältnis 1:5 ins Gießwasser geben.

Tomatenwasser: Schneide von deiner Tomatenpflanze die unteren Blätter dicht über der Erde ab oder geize sie aus. Du brauchst ca. eine Handvoll gesunder Blätter, die anschließend kleingeschnitten und in eine saubere Glasflasche (Fassungsvolumen mindestens 750 ml) gegeben werden. Fülle die Flasche dann mit 0,5 l Regenwasser auf. Täglich schütteln nicht vergessen! Sobald sich keine neuen Bläschen in der Flasche bilden (nach ca. 6 bis 10 Tagen), kannst du das Tomatenwasser absieben und dann im Verhältnis 1:5 ins Gießwasser geben.

Aus den unteren Blättern deiner Tomatenpflanze kannst du ganz einfach Dünger machen.

Wurmkiste: Abgesehen von dem Geruch ist auf dem Fensterbrett nicht genügend Platz, um Küchenabfälle wie Gemüsereste und ungekochte Speisereste zu kompostieren. Mit einer Wurmkiste kannst du allerdings trotzdem wunderbaren Kompost produzieren. Bei der Wurmkompostierung bauen Regenwürmer deine Küchenabfälle in einer Holz- oder Kunststoffkiste ab. Sie zersetzen die organischen Materialien und produzieren dabei den sogenannten Wurmhumus (= Kompost) und Wurmtee (= Flüssigdünger).

Bokashi: Bokashi ist eine fermentierte Masse aus Küchenabfällen. Hierbei werden die Abfälle in einem speziellen Eimer mit „Bokashi-Ferment" (einer Mischung aus effektiven Mikroorganismen) geschichtet und luftdicht abgeschlossen. Durch den Fermentationsprozess entsteht im Laufe der Zeit ein nährstoffreicher Kompost, der als Dünger verwendet werden kann.

Die Dosis macht das Gift ...

Wie soll es anders sein? Auch beim Düngen kommt es auf die richtige Menge an. Erhalten deine Pflanzen zu wenig Nährstoffe, können sie sich nicht richtig entwickeln. Erhalten sie allerdings zu viel, stellt sich der gleiche Effekt ein: Die Pflanzen stecken viel Energie ins Wachstum, bilden aber keine Früchte aus oder neigen schnell zu Krankheiten. Deshalb ist es ratsam, sich genau an die Dosierungs-Anweisungen auf der Verpackung zu halten und generell organische Dünger zu benutzen, da diese ihre Nährstoffe nur langsam freisetzen und so das Risiko einer Überdüngung minimieren. Beobachte deine Pflanzen, damit du bei den ersten Anzeichen schnell eingreifen kannst.

Überdüngt – und jetzt?

Hast du die Packungsanweisung übersehen oder gab es eine missverständliche Kommunikation zwischen dir und deinem*deiner Mitbewohner*in? Keine Panik, kann ja mal passieren. Feste Dünger können einfach wieder abgesammelt werden, bevor sie sich sehr langsam auflösen. Etwas umständlicher wird es bei Flüssigdüngern: Diese solltest du am besten ausspülen, bevor deine Pflanze Schaden nimmt. Gieße deine Pflanze deshalb großzügig mit klarem Wasser, um die Erde auszuwaschen. Lasse das Wasser aber unbedingt durch die Abflusslöcher im Topf wieder abfließen, damit keine Staunässe entsteht. Vorsichtshalber solltest du erstmal einen Dünge-Stopp bei dieser Pflanze einlegen, bis sie ihr Gleichgewicht wiedergefunden hat.

Von BFFs und „geht gar nicht": Diese Pflanzen-WGs funktionieren (nicht)

Pflanzen sind gar nicht so anders als wir Menschen: Da gibt es die, die einfach mit allen können und sich nicht so schnell aus der Ruhe bringen lassen. Und dann gibt es die, die das Rampenlicht nur sehr, sehr ungern teilen. Deshalb ist es umso besser, von vornherein zu wissen, welche Pflanzen das absolute Dream-Team sind – und welche du lieber erst gar nicht zusammenbringst.

Gurke und Tomate: Beide Pflanzen wurzeln gerne tief und sind Starkzehrer. Wenn sie zusammen gepflanzt werden, können sie sich nicht nur gegenseitig den wenigen Platz im Topf und die Sonne klauen, sondern auch die begehrten Nährstoffe im Boden. Das hat zur Folge, dass beide in ihrem Wachstum beeinträchtigt sind und nur eine geringe oder gar keine Ernte bringen. Außerdem gehören die beiden zur selben Pflanzenfamilie, den Nachtschattengewächsen. Sie sind deshalb anfällig für ähnliche Krankheiten, wie beispielsweise die Kraut- und Braunfäule. Wenn sie also im gleichen Gefäß gepflanzt werden, erhöht sich das Risiko einer schnelleren Ausbreitung von Krankheiten. Nicht zuletzt haben Tomaten und Gurken beide einen hohen Wasserbedarf. Bei der Kombi kommst du mit dem Gießen und Düngen also nicht hinterher.

Rosmarin und Basilikum: Die beiden sind ebenfalls kein gutes Match, wenn es darum geht, sie eng nebeneinander zu pflanzen. Während Rosmarin eher trockene Erde bevorzugt, möchte der Basilikum regelmäßig und großzügig gegossen werden. Die unterschiedlichen Bedürfnisse führen zu einer Unter- bzw. Überversorgung mit Wasser, sodass letztendlich beide Pflanzen darunter leiden. Auch wächst Basilikum viel schneller als Rosmarin, könnte diesen also überwuchern und ihm damit das Sonnenlicht wegnehmen. Und noch etwas passiert, wenn diese beiden Kräuter sich einen Topf teilen: Weil Rosmarin sehr aromatisch ist, kann es zu einer Aromaübertragung kommen, die den Geschmack des Basilikums überdeckt.

Das sind nur zwei Beispiele für eine schlechte Nachbarschaft in einem kleinen Beet, anhand derer aber deutlich wird, warum nicht alle Pflanzen Lust auf Zweisamkeit im gleichen Topf haben: Sie haben entweder zu unterschiedliche oder viel zu ähnliche Bedürfnisse in Bezug auf Wasser, Licht, Nährstoffe und Wurzelraum. Das Stichwort ist deshalb: **Mischkultur.** Hier kombinierst du Pflanzen, die sich gegenseitig positiv beeinflussen und so voneinander profitieren. Da der Platz insbesondere bei Fensterbrettgärten sehr reduziert ist, ist es umso wichtiger, bei der Bepflanzung Rücksicht zu nehmen.

Pflanze	Diese Kombi funktioniert ...	... gar nicht gut
Basilikum	Dill, Koriander, Mini-Wassermelone, Schnittlauch, Petersilie	Rosmarin
Erbse	Gartenkresse, Radieschen, Salat, Spinat	Zwiebeln, Knoblauch
Erdbeere	Knoblauch	Grünkohl
(Snack-)Gurke	Spinat, Radieschen	Tomate, Radieschen
Radieschen	Erbse, Gartenkresse, Karotte, Mangold, Salat, Spinat	(Snack-)Gurke
Rosmarin	Salbei, Thymian	Basilikum
Spinat	Erbse, Gartenkresse, Kohlgewächse, Radieschen, Snackgurke	Mangold, Rote Bete
Tomate	Basilikum, Salat	Snackgurke, Erbse

Inspirationen für mögliche Perfect Matches findest du in den folgenden Balkonkasten-Kombis:

Für die Kräuter-Küche:

Einfacher als bei Kräutern kann Mischkultur kaum sein. Die Faustregel ist hier: Einjährige und mehrjährige Kräuter bleiben lieber unter sich und werden nicht gerne zusammengebracht.

Balkonkasten 1: (mehrjährig) Thymian, Salbei, Rosmarin
Balkonkasten 2: (einjährig) Basilikum, Schnittlauch, Dill, Koriander, Petersilie

Die Ausnahme: Minze. Sie neigt dazu, sich extrem stark auszubreiten und kann so andere Pflanzen im Topf überwuchern oder verdrängen. Pflanze sie deshalb am besten in einem eigenen Topf an.

Für Gemüse-Snackis:

Tomaten, Paprika und Gurken dürfen auf deinem Teller nicht fehlen? Dann sind diese Mischkulturen genau richtig für dich:

Balkonkasten 1: Tomate, Basilikum, Salat
Balkonkasten 2: Paprika, Kapuzinerkresse
Balkonkasten 3: Snackgurke, Spinat, Radieschen

Für Ungeduldige:

Diese Pflanzenkombis wachsen auf der Überholspur und sind bereits ungefähr 8 Wochen nach der Aussaat bereit für die Ernte. Alle hier genannten Pflanzen kommen gut miteinander aus, weshalb du die Anordnung nach Belieben variieren kannst.

Balkonkasten 1: Radieschen, Salat, Erbse
Balkonkasten 2: Gartenkresse, Spinat, Erbse

Für Obst-Nascher*innen:

„Es ist Obst im Haus!" (Zumindest, wenn du dir diese Kasten-Kombis auf das Fensterbrett holst.)

Balkonkasten 1: Erdbeere, Knoblauch
Balkonkasten 2: Mini-Melone, Basilikum

Wenn du die Vorschläge nachpflanzen möchtest, kannst du in den jeweiligen Pflanzenporträts ab Seite 60 nachlesen, wie viel Platz deine Lieblingspflanzen brauchen. Die Anzahl an Pflanzen, die du pro Balkonkasten oder Topf setzen kannst, ist nämlich abhängig von der Größe deines Pflanzgefäßes.

Fruchtfolge

Die Tomate ist abgeerntet – und jetzt? Damit sich auch die nächste Pflanze in dem Topf wohlfühlt, ist es wichtig, auf die Fruchtfolge zu achten. Am besten folgen deshalb Starkzehrer auf Schwachzehrer und umgekehrt, damit die Erde möglichst fruchtbar bleibt und Pflanzenkrankheiten vorgebeugt wird. Ein Beispiel: Während eine Tomate (Starkzehrer) beispielsweise Stickstoff aus der Erde aufnimmt, reichern Erbsen (Schwachzehrer) diesen in der Erde wieder an.

Kapitel 3

Ab nach draußen:
Jetzt wird gepflanzt, geerntet und gesnackt!

Du hast ein Fensterbrett an der frischen Luft? Perfekt, dann raus mit deinen grünen Kolleginnen – allerdings nicht ohne gründliche Planung. Dazu gehört natürlich die Frage nach den Lichtverhältnissen: Wie viel Sonneneinstrahlung gibt es? Wird das Licht zusätzlich von weißen Hauswänden reflektiert? Und, und, und – alles, was es bei Außenfensterbrettern sonst noch so zu bedenken gibt, findest du in diesem Kapitel.

Licht, Luft und Liebe: Was hat dein Außenfensterbrett zu bieten?

Anhand der Skizze auf Seite 31 kannst du dir schon einen groben Überblick verschaffen, was draußen auf deinem Fensterbrett alles wachsen würde. Vielleicht kommt dir dabei der Gedanke, dass du gerne gewisse Gemüsearten anbauen würdest, die eigentlich nicht so gut zu den Lichtverhältnissen auf deinem Fensterbrett passen. Die gute Nachricht: Viele Pflanzen, die sonnige Standorte bevorzugen, erhalten auf Außenfensterbrettern im Halbschatten oft trotzdem genug Licht, um gut zu wachsen. Und auch andersherum kann es klappen. Sollen aber Pflanzen auf west- oder sogar südseitigen Fensterbrettern wachsen, die mit direkter Sonne nicht so gut klarkommen, brauchst du unbedingt einen Sonnenschutz, zum Beispiel in Form eines kleinen Sonnensegels oder schattenspendender Pflanzen.

Etwas Spielraum hast du also bei der Bepflanzung. Es lohnt sich definitiv, mit dem eigenen Standort zu experimentieren.

Genauso wichtig ist aber die Frage: Wie schwer darf das Fensterbrettgemüse höchstens werden? Bei Fensterbrettern in Wohnhäusern liegt die typische Traglast normalerweise bei ungefähr 30 kg bei einer Länge von etwa 1 Meter. Da es sich aber nur um einen Richtwert handelt, kann die Traglast je nach spezifischer Konstruktion und Material variieren. Um die Traglast deines Fensterbretts zu ermitteln, musst du verschiedene Faktoren berücksichtigen, wie zum Beispiel das Material des Fensterbretts, seine Größe, Dicke und Befestigung.

Alternativ könntest du Kontakt zu deinen Vermieter*innen aufnehmen. Manchmal sind diese Informationen in den Installations- oder Produktunterlagen der Fensterbretter enthalten. Achte unbedingt darauf, dass die Töpfe und Balkonkästen sicher befestigt sind (mehr dazu auf Seite 57).

Damit sich niemand auf der Straße unter deiner Wohnung über herabtropfendes Gießwasser ärgert, gibt es nicht nur für Töpfe, sondern auch für viele Balkonkästen Untersetzer.

Besuchszeit: Die (nicht so) gern gesehenen kleinen Gäste

Wo eine Pflanze, da früher oder später auch tierischer Besuch. Mit welchen fliegenden, krabbelnden Gästen musst du rechnen? Welche davon hältst du deinen Pflanzen lieber vom Leib, und wie? Welche Nützlinge sind sogar hilfreich für deinen Fensterbrettgarten?

Bei Blattlaus-Alarm kannst du u. a. eingreifen, indem du Knoblauchtee auf die Pflanze sprühst.

Was wuselt denn da? Blattläuse

Dein Gemüse ist nicht nur für dich köstlich, sondern schmeckt auch vielen Tieren gut. Blattläuse sind oft die Ersten am Fensterbrettgarten-Buffet, denn sie lieben das milde, feuchte Wetter im Frühling und Sommer. Diese kleinen Insekten gehören zur Familie der Pflanzenläuse und kommen in verschiedenen Farben wie grün, braun, schwarz oder gelb vor. Sie ernähren sich von Pflanzensäften, indem sie besonders gerne junge Triebe mit ihrem Stechrüssel anzapfen, und hinterlassen dabei als Abfallprodukt den süßlichen Honigtau. Blattläuse vermehren sich schnell und können an vielen verschiedenen Pflanzenarten auftreten. Stark befallene Pflanzen entwickeln dann verkümmerte, kräuselige Blätter oder hören auf zu wachsen. Außerdem können Pflanzenkrankheiten durch Blattläuse übertragen werden.

Um dein Gemüse vor den kleinen Saugern zu schützen, kannst du diese auch mit einer sogenannten Opferpflanze ablenken. Die Blattläuse befallen dann zuerst die Opferpflanze, die mit dem Befall gut zurechtkommt, und lassen die anderen Pflanzen weitestgehend in Ruhe. Besonders gut eignet sich zum Beispiel Kapuzinerkresse (Seite 99).

Übrigens: Angelockt vom Honigtau dauert es nicht lange, bis sich auch (je nach Fensterbretthöhe) Ameisen blicken lassen. Sie ernähren sich von der klebrigen Flüssigkeit, aber verschwinden auch sofort wieder, sobald die Nahrungsquelle versiegt.

Und nun? Hast du Blattläuse (und/oder Hinweise auf sie durch glänzende, klebrige Flecken aus Honigtau) auf den Blättern oder am Trieb deines Gemüses entdeckt, kannst du sie als akute Erste-Hilfe-Maßnahme mit einem Wasserstrahl absprühen oder mit einem Handschuh abstreifen. Pass allerdings auf, dass du deine Pflanze nicht aus Versehen dabei verletzt. Anschließend kannst du mit Hilfe einer (Knoblauch-)Tee-Dusche dafür sorgen, dass die Blattläuse dein Gemüse im wahrsten Sinne des Wortes nicht mehr riechen können.

Rezept für Knoblauchtee

Achtung – Stinkbombe!

Für dieses Rezept brauchst du:

* 3–4 Knoblauchzehen
* 1 l Wasser

Die Knoblauchzehen musst du schälen und zerkleinern. Anschließend übergießt du sie mit 1 l kochendem Wasser. Lass den Tee nun für 30 Minuten ziehen und siebe dann die Knoblauchstückchen heraus. Nachdem der Tee abgekühlt ist, kannst du ihn in eine Sprühflasche abfüllen und großzügig auf deine Pflanzen sprühen, da Blattläuse auch gerne auf der Unterseite der Blätter leben. Wiederhole die Dusche alle paar Tage, solange die Pflanze befallen ist.

Kein Freund von Knoblauch? Kein Problem. Auch mit Schwarztee kannst du dir Blattläuse vom Hals halten. Dafür einfach 3 Teebeutel mit 1 l kochendem Wasser aufgießen und 20 Minuten ziehen lassen. Sobald der Tee abgekühlt ist, kann er alle paar Tage von oben und unten auf die Pflanze gesprüht werden.

Hallo, kleine Raupe!

Damit aus Raupen hübsche Schmetterlinge werden können, brauchen sie vor allem eines: Futter. Und was eignet sich da besser als dein schmackhafter Fensterbrettgarten? Schmetterlingsraupen ernähren sich gerne von frischen Blättern und hinterlassen dabei charakteristische Fraßspuren. Wenn das Blatt also plötzlich aussieht wie ein Schweizer Käse, ist die Wahrscheinlichkeit hoch, dass sich eine Raupe auf der Blattunterseite den Magen vollschlägt. Einmal entdeckt, können die Raupen einfach mit der Hand oder einem Handschuh abgesammelt werden. Manchmal findet man auch schon die Eigelege der Schmetterlinge (vor allem auf der Unterseite der Blätter), die du entfernen kannst, bevor die Raupen überhaupt geschlüpft sind.

Fein gewebt: Spinnmilben

Wenn deine Pflanze in ganz feine Spinnweben verpackt ist, dann hast du Besuch von Spinnmilben. Sie sind so winzig, dass man sie mit bloßem Auge fast nicht sieht. Versteckt an der Blattunterseite, verraten sie sich nur durch ihre Netze. Spinnmilben bevorzugen warme, trockene Bedingungen und ernähren sich (ebenso wie Blattläuse) von Pflanzensäften. Die Pflanzen verlieren dadurch wichtige Nährstoffe und sehen schwach aus, zudem entstehen winzige gelbe oder braune Sprenkel auf den Blättern. Bei einem schlimmen Befall fallen die Blätter schließlich ab. Stark betroffene Pflanzenteile solltest du daher lieber schnell entfernen und die Pflanze anschließend mit einer Schmierseifenlösung behandeln.

Rezept für Schmierseifenlösung

Dafür benötigst du:

* 1 EL Schmierseife
* 1 l Wasser (warm)

Mische 1 EL Schmierseife mit 1 l warmem Wasser, sodass sich die Seife auflöst. Sobald die Lösung abgekühlt ist, kannst du sie in eine Sprühflasche umfüllen und die befallene Pflanze von oben und unten benetzen. Wiederhole den Vorgang zweimal pro Woche, um die Spinnmilben zu verscheuchen.

Achtung: Die Seife aus dem Badezimmer oder auch Duschgels und Shampoos sind oft viel zu aggressiv für Gemüsepflanzen. Nutze stattdessen unbedingt Schmier- oder Kaliseifen.

Um die ungebetenen Besucher wieder loszuwerden, kannst du entweder auf Hausmittel zurückgreifen, dir im Einzelhandel oder Baumarkt ein ökologisches Pflanzenpflege-Produkt besorgen, oder aber auf Nützlinge warten.

Warm welcome: Gern gesehene Nützlinge

Es summt und brummt auf deinem Fensterbrett? Gut für dich, denn während du im Innenbereich selbst Bienchen spielen musst, übernehmen draußen Nützlinge die Arbeit für dich. Sie bestäuben dein Gemüse, fressen ungebetene Besucher und helfen dir so auf natürliche Weise dabei, das Ökosystem deines Fensterbrettgartens im Gleichgewicht zu halten.

Marienkäfer gehören wohl zu den wenigen Insekten, die von (fast) allen Menschen geliebt werden. Doch so niedlich sie aussehen, so gefräßig sind sie auch: Marienkäfer zählen zu den Raubtieren unter den Käfern, denn sie ernähren sich hauptsächlich von kleinen Insekten wie Blattläusen und Spinnmilben. Besonders Blattläuse sind ihre Leibspeise, sodass ein einziger Marienkäfer während seines Lebens Hunderte von Blattläusen vertilgen kann. Schon als Larven haben die Käfer einen großen Appetit und gehören damit definitiv zu den gern gesehenen Gästen. Um sie auf dein Fensterbrett zu locken, braucht es nektarreiche Pflanzen wie Ringelblumen, Dill oder Koriander. Und natürlich: saftige Blattläuse.

Marienkäferlarven haben quasi immer Hunger – gut für deine Pflanzen, wenn die es gerade mit Blattläusen zu tun haben.

Auch die Larven der Florfliege haben Blattläuse und Spinnmilben zum Fressen gern. Florfliegen sind häufig auffällig hellgrüne oder braune Insekten mit einem schlanken Körper und feinen, transparenten Flügeln. Ebenso wie Schlupfwespen und Schwebfliegen, die ihre Eier in die Blattläuse ablegen und deren Larven diese dann als Wirt nutzen, werden die erwachsenen Florfliegen von Blüten angelockt. Um also auf natürliche Weise dafür zu sorgen, dass Blattlaus und Co. nicht dein Gemüse killen, ist es ratsam, für eine möglichst lange Blütezeit auf dem Fensterbrett zu sorgen.

Wildbienen und Hummeln sind ebenfalls hervorragende Helfer für deinen Fensterbrettgarten, denn sie übernehmen die Bestäubung der Pflanzen. Auf der Suche nach Nektar und Pollen fliegen sie von einer Blüte zur nächsten und verteilen dabei die Pollen an ihrem Körper. Ohne Bestäubung können Gemüsepflanzen keine Früchte produzieren, weshalb ein bienenfreundliches Fensterbrett absolut in deinem Interesse ist. Wenn auf deinem Fensterbrett genug Platz ist, freuen sich die Wildbienen und Hummeln über eine kleine Insektentränke sowie eine Nistmöglichkeit. Wildbienenhotels gibt es in verschiedenen Ausführungen. Wichtig ist, dass sie sonnig und trocken stehen und nicht bewegt werden.

Nützlinge kaufen

Auf der Suche nach Anlockmethoden für Nützlinge stolpert man im Internet oder Baumarkt schnell über die Möglichkeit, Nützlinge zu bestellen. Dabei wird eine Lieferung von Jungtieren oder Larven per Post versendet, die innerhalb von 24 Stunden geöffnet und eigenhändig ausgebracht werden muss.

Falls du überlegst, dir Nützlinge zu bestellen, solltest du unbedingt auf die Herkunft der Tiere achten, denn nicht alle Nützlinge sind für jede Region oder jedes Ökosystem geeignet. Der Kauf von Nützlingen im Internet kann nämlich dazu führen, dass ungeeignete Arten in ein bestimmtes Gebiet eingeführt werden. Beispielsweise wurde der asiatische Marienkäfer in den 80er-Jahren nach Europa gebracht, um sich hier an Blattläusen satt zu futtern. Mittlerweile kommt er in einigen Gebieten schon häufiger vor als heimische Arten. Sind nicht genügend Blattläuse vorhanden, stellt er seine Nahrung kurzerhand um und macht sich unter anderem auch an den Larven der heimischen Marienkäfer zu schaffen.

Es ist daher superwichtig, Nützlinge auszuwählen, die in deiner Region heimisch sind und die natürlichen ökologischen Bedingungen erfüllen.

Anschnallen und Festhalten: So gestaltest du ein sicheres Außenfensterbrett

Wenn du einen Outdoor-Fensterbrettgarten anlegst, darf natürlich auch die Sicherheit nicht zu kurz kommen, damit deine Pflanzen keine unfreiwillige Flugreise nach unten antreten und im schlimmsten Fall noch jemanden verletzen. Was kannst du also tun, um Töpfe niet- und nagelfest auf dem Fensterbrett zu platzieren?

Grundsätzlich müssen alle Outdoor-Fensterbretter auf jeden Fall gesichert werden. Bei der Wahl der Sicherung sind sowohl die Größe des Fensterbretts als auch die Frage der Fixierung entscheidend. Bevor du dein Außenfensterbrett bepflanzt, solltest du vorsichtshalber mit deinen Vermieter*innen sprechen. Oft darf nicht in Fassaden, schon gar nicht Wärmeschutzfassaden, gebohrt werden, weshalb du die Beschaffenheit der Fassade und die Sicherungssysteme für Balkonkästen, die man bohren oder klemmen muss, lieber im Vorfeld nochmal abklären solltest.

Ob Topf oder Balkonkasten: Hauptsache, alles ist gut fixiert.

Falls du Sorge hast, dass deine Pflanzgefäße im Erdgeschoss nicht genug Halt auf dem Fensterbrett finden, weil es etwas abschüssig ist, kommt hier die Entwarnung: Das ist natürlich nicht das Ende deiner Gartenkarriere. In diesem Fall kannst du eine Anti-Rutschmatte unterlegen und/oder auf die folgenden Sicherheitsmaßnahmen zurückgreifen:

• **Sicherungsstange:** Wenn dein Fensterbrett tief genug ist, kannst du eine Sicherungsstange befestigen. Sie wird vor einem Balkonkasten angeschraubt und schützt diesen so vor dem Herunterfallen.

• **Teleskopstange:** Wenn du nicht schrauben oder bohren möchtest, kannst du entweder eine Teleskopstange vor dem Balkonkasten anbringen oder einen Balkonkasten mit integrierter Haltevorrichtungen verwenden. Beide Systeme werden vorsichtig zwischen die Fensterlaibung geklemmt.

• **Haltebügel:** Ebenfalls ohne Bohrlöcher kommen die Haltebügel aus, die mit 2 Gewindespannern an einer Spann-stange zwischen die Fensterlaibung geklemmt werden. Sie bieten Platz für Balkonkästen in unterschiedlichen Größen oder einzelne Töpfe.

• **Fensterbrett-Halterung:** Falls du außen am Fenster Rollläden hast oder weder etwas klemmen noch bohren kannst, weil dein Fensterbrett an eine Wärmeschutzfassade grenzt, gibt es noch die Möglichkeit, eine Fensterbrett-Halterung (z. B. aus dem Baumarkt) vorne am Fensterbrett anzubringen. Die Halterung wird einfach auf das vorstehende Fensterbrett geklemmt und kommt deshalb gar nicht mit der Fassade in Berührung.

Wenn du weißt, dass deine Nachbar*innen auch gerne einen Fensterbrettgarten hätten, lässt sich vielleicht auch ein festes System von der Hausverwaltung installieren.

Mit Maß und Ziel: Die richtige Topfgröße

Grundsätzlich ist es in Bezug auf den Wurzelraum bei Pflanzen eigentlich so: Größer ist immer besser. Je mehr Platz die Pflanze hat, desto größer wird sie und ihre Früchte und desto mehr Wasser und Nährstoffe können in der Erde gespeichert werden. Natürlich musst du dich bei der Topfgröße aber ja nach der Größe deines Fensterbretts richten.

Das Ziel ist also, die kleinstmögliche Topfgröße für die Pflanze zu finden. Welche das ist, lässt sich leider nicht pauschal festlegen. Wind, Sonneneinstrahlung, Gefäßmaterial, Gemüsesorte, Temperaturen und dein Gieß- und Düngeverhalten spielen eine ganz entscheidende Rolle. Deshalb kann es sich bei den Empfehlungen auch nur um Richtwerte zur Orientierung handeln.

Hast du einen besonders warmen und sonnigen Standort, kann es sinnvoller sein, insgesamt weniger und dafür größere Pflanzgefäße pro Pflanze zu nutzen. Denn: Eine große, gesunde Pflanze bringt mehr Ertrag als 3 kleine, die unterversorgt sind. Von daher setze lieber nur eine Pflanze pro Topf oder achte unbedingt auf gute Beet-Nachbar*innen. Liegt dein Fensterbrett allerdings eher halbschattig und windgeschützt, kannst du auch auf kleinere Gefäße setzen. Das ist zum Beispiel Indoor der Fall.

Die Pflanzenporträts im Anschluss (ab Seite 60) enthalten alle Gefäßempfehlungen mit Mindestgrößen. Sie orientieren sich bei den Töpfen an den klassischen, kegelförmigen Tontöpfen aus dem Baumarkt und sind in Topfgröße mit Anzahl der Pflanzen pro Topf und pro Balkonkasten unterteilt.

Ein Tontopf mit dem Standardmaß von knapp 22 cm Durchmessern ist 19 cm hoch und fasst ca. 5 l Erde. Im Vergleich dazu fasst ein Balkonkasten mit dem Standardmaß 60 x 18 x 15 cm ungefähr 16 l.

Oft stehen Durchmesser und Fassungsvolumen auf dem Gefäß. Falls du dir unsicher bist, gibt es im Internet Rechner, die das Volumen für dich ausrechnen. Neben dem Fassungsvermögen brauchen die Pflanzen allerdings auch eine gewisse Tiefe, in die sie wurzeln können. Diese spezifischen Informationen kannst du den Pflanzenporträts entnehmen.
Sei ruhig mutig und experimentiere auch mal mit kleineren Töpfen. Du wirst erstaunt sein, was sich alles in vermeintlich zu wenig Platz kultivieren lässt.

Here comes the sun: Die Sonnenkinder

Manche Gemüsesorten haben es gern heiß, heißer, am heißesten. Und das schon, bevor sie ihr Köpfchen aus der Erde strecken. Am liebsten keimen die Sonnenkinder im Frühjahr auf der Heizung oder einer Wärmematte. Damit sie sich nicht verkühlen, solltest du darauf achten, dass sie die kalte Fensterscheibe nicht berühren.

Neben den Temperaturen geht es ihnen vor allem um eins: maximale Sonnenpower. Idealerweise findest du für sie einen Platz, an dem sie 6 bis 8 Stunden Sonne abbekommen. Das klappt auch häufig mit der Morgensonne auf Außenfensterbrettern, die nach Osten gerichtet sind. Da die Sonne dort etwas schwächer scheint, brauchen die Pflanzen insgesamt 2 bis 3 Wochen länger, bis sie die ersten Früchte tragen.

Solltest du dir diese wärmeliebenden Kandidatinnen aufs Fensterbrett holen, ist es ganz wichtig, den Wasserbedarf zu berücksichtigen: Mögen diese Pflanzen es am liebsten warm und trocken? Oder brauchen sie wegen der Sonneneinstrahlung auch viel Flüssigkeit? Damit das Wasser nicht sofort verdunstet, solltest du die Pflanzen in den Sommermonaten abends gießen. Die jeweiligen Vorlieben erfährst du in den folgenden Pflanzenporträts.

> Sonnenschutz nicht vergessen! Ähnlich wie wir können die Pflanzen bei zu viel Sonne einen Sonnenbrand bekommen. Härte sie deshalb rechtzeitig ab, damit sich die empfindlichen Blätter langsam an die Strahlen gewöhnen.

Eine Runde Sonnenbaden: Gib deinen (Jung-)Pflanzen Zeit, sich an die Sonne zu gewöhnen.

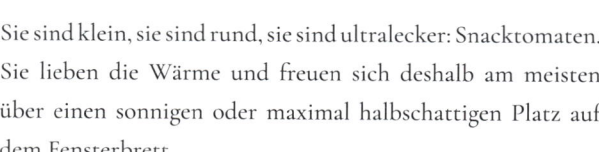

Tomate

Vorzucht: Anfang März bis Mitte April

Ernte: nach ca. 4 bis 5 Monaten, ab Mitte Juli

No-Go: nasse Blätter

Wasserbedarf: mittel bis hoch

Standort: sonnig bis halbschattig

Krankheiten/Besucher: Kraut- und Braunfäule

Topfgröße: mindestens 22 cm (1 Pflanze), 2 pro Balkonkasten

Nährstoffbedarf: Starkzehrer

Sortenempfehlung: ‚Balcony Yellow‘, ‚Balcony Red‘, ‚Micro Tom‘, ‚Paulinchen‘, ‚Lille Lise‘, ‚Minibell‘ (Freiland), ‚Primabella‘ (Freiland)

Sie sind klein, sie sind rund, sie sind ultralecker: Snacktomaten. Sie lieben die Wärme und freuen sich deshalb am meisten über einen sonnigen oder maximal halbschattigen Platz auf dem Fensterbrett.

Tomaten brauchen ca. 6 Wochen vom Samenkorn bis zur Jungpflanze. Sie mögen es schon bei der Anzucht schön warm (ca. 25 °C) und freuen sich deshalb nach der Aussaat im März oder April über einen Platz auf der Heizung. Sobald sich die ersten Keimlinge blicken lassen, kann die Anzucht auf das kühlere Fensterbrett wandern (ca. 15 °C), damit sie nicht vergeilt. Das heißt, dass die Pflanzenstiele sehr dünn und lang werden. Nach 2, 3 Wochen ist es dann Zeit zum Pikieren.

Tipp: Tomaten besitzen die Fähigkeit, am unteren Teil des Stängels Wurzeln zu bilden. Du kannst sie daher bei jedem Umtopfen jeweils bis zum ersten Blattpaar in die Erde setzen. Dadurch bekommt die Pflanze mehr Stabilität und kann sich auch besser mit Nährstoffen versorgen.

Vor Mitte Mai sollten die Tomatenkinder noch nicht ausziehen, da sie mit möglichem Frost so gar nicht können. Am besten härtest du deine Schützlinge deshalb ein paar Tage lang tagsüber ab. Aber Vorsicht: So sehr Tomaten auch die Sonne lieben – sind sie noch klein und nicht an die starke Sonneneinstrahlung gewöhnt, können sie schnell Sonnenbrand bekommen. Dann verfärben sich die Blätter weiß und werden trocken. Betroffene Blätter erholen sich nicht wieder und sollten deshalb entfernt werden. Statt Sonnencreme kann hier ein Schattennetz helfen, das du über den Topf stülpst.

Gleich noch ein Tipp, diesmal zum Gießen: Tomaten lieben eine konstante Bewässerung. Bekommen sie zu viel Wasser, können sich schnell Krankheiten breit machen, ist es zu wenig, verfallen sie in Trockenstress. Ein Anzeichen dafür sind nach innen eingerollte Tomatenblätter, um die Verdunstungsfläche zu reduzieren. Sie zeigen an, dass die Pflanze sehr durstig und gestresst ist. Damit du von einer regelmäßigen Bewässerung nicht auch noch gestresst wirst, kannst du für Tomaten ein (DIY-)Bewässerungssystem installieren (blättere dafür auf Seite 35).

Wenn du allerdings gerne noch die volle Durchsicht bei deinem Fenster haben möchtest, solltest du darauf achten, die richtigen Sorten für dein Fensterbrett zu wählen. Es gibt nämlich Stabtomaten, die gerne über 2 m hoch werden. Oder aber du entscheidest dich für die Zwergversion in Form von kleinen Buschtomaten. Sie wachsen, wie der Name schon sagt, buschig und kompakt und sind deshalb super für den Balkonkasten oder Topf geeignet. Diese kleinen Tomaten werden auch als Cocktailtomaten, Kirschtomaten, Mini-Tomaten, Balkontomaten oder Snacktomaten bezeichnet.

Um ihnen mehr Stabilität zu geben, freuen sie sich über einen Pflanzstab als Unterstützung. Wenn du dich jetzt fragst, ob du deine Buschtomaten auch „ausgeizen" musst: Nö.

Ups – einmal mit der Gießkanne hängen geblieben und jetzt ist ein Stängel abgebrochen? Macht nichts. Entferne bei dem Trieb einfach die unteren Blätter und stelle ihn so in ein sauberes Wasserglas, dass die Blattknoten im Wasser stehen. Nach etwa 2 bis 3 Wochen haben sich neue Wurzeln gebildet und der Steckling kann wieder eingepflanzt werden. Das klappt sogar mit dem Haupttrieb.

Tomatenpflanzen vertragen allerdings Regen nicht so gut, denn der sorgt schnell für Kraut- und Braunfäule. Ist dein Fensterbrett nicht überdacht, sondern der Witterung völlig ausgeliefert, sind kleine Freilandtomaten für dich die richtige Wahl. Sie sind um einiges robuster als ihre kultivierten Freundinnen und haben kein so großes Problem mit zu viel Feuchtigkeit von oben.

Ausgeizen

Ausgeizen bedeutet, dass man die Seiten- oder Geiztriebe, die zwischen dem Hauptstamm und den Blattachseln wachsen, entfernt. Große Tomatenpflanzen neigen dazu, viele Seitentriebe zu entwickeln, die zusätzliche Blätter, Blüten und Früchte produzieren können. Indem man aber die Geiztriebe mit den Fingern abknipst oder schneidet, konzentriert sich die Pflanze bei ihrem Wachstum auf den Hauptstamm und steckt all ihre Energie in die Bildung größerer Früchte. Zudem verbraucht die Tomate nach dem Ausgeizen weniger Wasser und Nährstoffe und wird besser durchlüftet. Kleine Buschtomaten wie Kirsch- oder Cocktailtomaten haben von Natur aus normalerweise nur einen Hauptstamm, der nicht mit anderen Trieben um die Wette wächst.

Kraut- und Braunfäule

Die Kraut- und Braunfäule ist eine Pilzkrankheit und betrifft hauptsächlich Kartoffel- und Tomatenpflanzen. Sie liebt eine feuchte und warme Umgebung und tritt vor allem an warmen Sommertagen auf, wenn das Blattwerk der Pflanzen durch Regen oder das Gießen nass geworden ist.

Der Pilz verursacht zunächst braune Flecken auf den Blättern und dem Stängel der Pflanzen. Im Verlauf der Erkrankung verfärben sich die Blätter dann schwarz, werden welk und sterben schließlich ab. Betroffene Pflanzen können nur mit Mühe Früchte ausbilden, die dann häufig auch fleckig, hart und ungenießbar sind. Gieß deshalb die Pflanze vorsichtig und direkt über der Erde, damit die Blätter auf keinen Fall nass werden. Außerdem kannst du die unteren, gesunden Blätter der Tomate entfernen, sodass sie die Erde nicht berühren und aus Versehen mitgegossen werden. Sorge zudem für eine gute Belüftung, indem du die Tomate nicht zu eng neben andere Pflanzen auf dem Fensterbrett stellst und sie somit schnell wieder abtrocknen kann.

Befallene Pflanzenteile solltest du so schnell wie möglich entfernen und im Restmüll entsorgen, da die Sporen sehr robust und langlebig sind und sich ansonsten über den Bio-Abfall weiter ausbreiten. Desinfiziere außerdem alle Gegenstände (z. B. die Gartenschere, die mit der kranken Tomate in Berührung gekommen ist) kurz mit kochendem Wasser. Als Pflanzenschutzmittel kannst du fettarme Milch im Verhältnis 1:10 mit Wasser verdünnen und großzügig auf die Pflanze sprühen – Blattunterseiten nicht vergessen! Die weißen Flecken, die eventuell zurückbleiben, kannst du einfach ignorieren. Vollmilch eignet sich übrigens nicht so gut, da das enthaltene Fett das Pilzwachstum begünstigen kann. Das Milchgemisch am besten einmal pro Woche und immer, nachdem es geregnet hat, ausbringen.

Achtung: Ist der Pilz einmal ausgebrochen, kann er sich in der Erde halten, selbst wenn du die Pflanze im Restmüll entsorgt hast. Pflanze deshalb nicht nochmal Tomaten in den gleichen Topf oder reinige ihn sehr gründlich vor der nächsten Benutzung.

Vorzucht: ab Mitte Januar mit Kunstlicht, Mitte Februar

Ernte: nach ca. 6 Monaten, ab Juli

No-Go: windiger Standort

Wasserbedarf: mittel

Standort: sonnig

Krankheiten/Besucher: Blattläuse

Topfgröße: mindestens 22 cm (1 Pflanze), 2 pro Balkonkasten

Nährstoffbedarf: Starkzehrer

Sortenempfehlung: ‚Patio Baby‘, ‚Jewel Jet‘, ‚Bambino‘

Diese Gemüsepflanze kann sich sehen lassen: samtig-weiche, ovale Blätter und wunderschöne lilafarbene Blüten, die zu lila-schwarzen Früchten werden. Ähnlich wie die anderen Sonnenkinder möchte auch die Aubergine schon wohlig warm ins Leben starten. Aus diesem Grund hat das helle und warme Fensterbrett, auf dem sie heranwächst, am besten um die 25 °C. Auberginen lieben eine hohe Luftfeuchtigkeit und wachsen deshalb gerne in Anzuchtkästen. Ziehst du sie z. B. in Joghurtbechern oder anderen offenen Gefäßen, kannst du mit einer Frischhaltefolie für einen Gewächshaus-Effekt sorgen. Vergiss nicht, die Folie einmal täglich für ein paar Minuten abzunehmen, damit die Luft im Behälter getauscht wird und sich kein Schimmel bildet.

Auberginen sind bereits als Jungpflanzen hungrig nach Dünger. 1 Monat nach dem ersten Umtopfen kannst du deshalb anfangen, sie alle 2 Wochen mit etwas Flüssigdünger zu versorgen. Da Auberginen frostempfindlich sind, sollten sie erst frühestens nach den letzten Frösten in deiner Region ausgesetzt werden, nachdem sie ungefähr 1 Woche lang tagsüber abgehärtet wurden.

Sobald sich die ersten Blüten zeigen, kannst du, wenn du möchtest, die Königsblüte (siehe Seite 65) entfernen, um die Fruchtbildung anzuregen. Für die Topfkultur eignen sich am besten Topf-Auberginen. Sie wachsen so kompakt, dass sie eigentlich keinen Pflanzstab benötigen. Außer du hast doch das Gefühl, dass deine Pflanze etwas mehr Halt gebrauchen könnte – dann kannst du ihr mit etwas Unterstützung eine Freude machen.

Die Früchte der Aubergine werden dann ab August geerntet, sobald sie lila-schwarz glänzen. Es gibt allerdings auch Sorten, die weiß oder lila-weiß sind. Lässt du sie zu lange an der Pflanze, werden sie matt und schmecken bitter und zäh. Bevor es im Herbst zu kalt wird und die Temperaturen unter 10 °C fallen, solltest du die Aubergine rechtzeitig ins Haus holen, um sie dort abzuernten, fall sie noch unreife Früchte trägt. Diese reifen dann in der Wohnung nach.

Während ein Großteil der Ernte sicherlich nicht den Weg in die Küche schafft, weil er direkt von der Pflanze in den Mund wandert, wird dein Erntekorb (je nach Größe deines Fensterbrettgartens) zeitweise vielleicht aus 1 Paprika, 1 Knoblauchknolle, 1 Zucchino und 3 Mini-Auberginen bestehen. Da kommt zwangsläufig die Frage auf: Und was mache ich jetzt damit? Ein Evergreen ist Ofengemüse. Dafür brauchst du nur:

* Gemüse deiner Wahl (und so viel du verdrücken kannst)
* etwas Olivenöl
* Salz, Pfeffer
* Gewürze und/oder Kräuter deiner Wahl

Zubereitung:

Heize den Ofen auf 200 °C Ober- und Unterhitze vor und schneide währenddessen das Gemüse in gleichgroße Stücke, damit es ungefähr zur gleichen Zeit gar wird. Gib das geschnittene Gemüse in eine Auflaufform und beträufle es großzügig mit Olivenöl. Mische alles gut durch und würze nach Belieben. Jetzt kommt die Auflaufform für ca. 25–30 Minuten in den Ofen. Zwischendurch kannst du das Gemüse wenden, damit es gleichmäßig weich wird. Um zu prüfen, ob es fertig ist, mach einen kurzen Test: Pikse einmal mit der Gabel hinein – rutscht das Gemüse von der Gabel, ist es gar. Dann kannst du es aus dem Ofen nehmen, kurz abkühlen lassen und zum Beispiel mit Kräuterquark oder Tsatsiki, Couscous oder als Beilage servieren.

Damit frische Kräuter nicht verbrennen, solltest du sie erst als Topping auf das fertige Ofengemüse geben. Getrocknete Kräuter hingegen können schon zu Beginn mit in den Ofen.

Paprika

Vorzucht: ab Mitte Januar mit Kunstlicht, Mitte Februar

Ernte: nach ca. 6 Monaten, also ab Mitte August

No-Go: kalte Füße

Wasserbedarf: mittel

Standort: sonnig bis halbschattig

Krankheiten/Besucher: Blattläuse und Spinnmilben

Topfgröße: mindestens 20 cm (eine Pflanze), 3 pro Balkonkasten

Nährstoffbedarf: Starkzehrer

Sortenempfehlung: ‚Sweet Cherry‘, ‚Mini Bell‘, ‚Hamik‘

Der oder die Paprika? Total egal, Hauptsache köstlich! Sie ist eine wahre Sonnenanbeterin. Ohne die wärmenden Strahlen ist sie kaum bereit, zu wachsen und Früchte zu produzieren. Je nach Paprikasorte sind sie zunächst grün und verändern dann im Laufe des Reifeprozesses ihre Farbe in orange, rot oder gelb. Schon bei der Anzucht bevorzugen die kleinen Keimlinge Temperaturen um die 28 °C. Da Paprikasamen eine Keimzeit von ca. 3 Wochen haben, brauchst du ein wenig Geduld. Lass dich also nicht verunsichern, wenn du nicht schon nach ein paar Tagen den ersten Keim siehst.

Paprika mögen erst vor die Tür, sobald die Temperaturen draußen tagsüber nicht mehr unter 15 °C fallen. Starte also erst dann langsam mit dem Abhärten und der Düngergabe, spätestens aber, sobald sich kleine weiße Blüten zeigen. Jetzt ist auch der richtige Zeitpunkt, um die Königsblüte zu entfernen.

Damit deine Pflanze beim nächsten Windstoß nicht umkippt, kannst du sie mit einem Zweig oder Pflanzstab stützen. Ähnlich wie Tomaten mögen Paprika keinen direkten Regen von oben, freuen sich aber über stetig feuchte Erde. Um die Feuchtigkeit zu halten, kannst du den Topf mulchen (mehr dazu auf Seite 72).

Ob eine Paprika reif ist, erkennst du daran, dass sie langsam weicher wird. Taste die Früchte also ab und zu mal ab und ernte sie dann mit einer sauberen Garten- oder Haushaltsschere, um die Pflanze nicht zu verletzen. Auch nachdem die ersten Früchte geerntet wurden, braucht die Paprika regelmäßig Nährstofffutter von dir. Erst wenn du sie ins Haus holst, um sie zu überwintern, kannst du die Düngergabe stoppen. Dann fühlt sie sich an einem Fenster mit Tageslicht und Temperaturen von 10 bis 15 °C wohl. Vielleicht findest du ja einen Platz für sie im unbeheizten Treppenhaus?

Königsblüte entfernen

Mit der sogenannten „Königsblüte" ist die allererste Blüte gemeint, die in der Gabelung zwischen dem Haupttrieb und dem ersten Seitentrieb wächst. Sie ist meist größer als die nachkommenden Blüten. Entferne sie, indem du sie einfach mit den Fingern greifst und abdrehst. Auch, wenn es dich am Anfang etwas Überwindung kostet:

Es lohnt sich. Dadurch wird nämlich das Wachstum der Pflanze angeregt: Die Jungpflanzen stecken dann nicht ihre ganze Energie in die erste Frucht, sondern bilden viele weitere aus. Die Königsblüte kann z. B. bei Chilis, Paprika, Auberginen, Tomaten und Gurken entfernt werden.

Vorzucht: ab Januar mit Kunstlicht, ansonsten Anfang Februar

Ernte: nach ca. 6 Monaten, also ab August

No-Go: kalte Füße

Wasserbedarf: gering bis mittel

Standort: sonnig bis halbschattig

Krankheiten/Besucher: Blattläuse und Spinnmilben

Topfgröße: mindestens 15 cm (1 Pflanze), 4 pro Balkonkasten

Nährstoffbedarf: Starkzehrer

Sortenempfehlung: ‚Kordara‘ (gelb), ‚Aurora‘ (mehrfarbig), ‚Cherry Bomb‘ (rot)

It's getting hot … outside: Zumindest, wenn bei dir Chilis auf dem Fensterbrett einziehen. Da Chilis mit Paprika verwandt sind, gibt es in Bezug auf die Anzucht und Pflege der beiden viele Ähnlichkeiten. Auch Chilis brauchen Temperaturen um die 25 °C, um in Fahrt zu kommen und zu keimen. Sobald du die ersten Keimblätter entdecken kannst, wird es Zeit fürs Pikieren, falls sie zu eng gesät wurden. Wenn deine Jungpflanzen dann ca. 20 cm groß sind, kannst du sie pinzieren, um den Ertrag zu steigern.

Pinzieren

Kann man machen, muss man aber nicht: Beim Pinzieren kappt man den Haupttrieb direkt über dem dritten Blattpaar ab. Am besten geht das mit einer sauberen Garten- oder Haushaltsschere, damit keine Bakterien in die Wunde der Pflanze gelangen. Die Pflanze entwickelt daraufhin 2 Haupttriebe, die gleichmäßig wachsen und dann mehr Früchte produzieren als ein einzelner. Das Pinzieren kann auch mehrmals wiederholt werden, sobald ein Trieb wieder mindestens 3 Blattpaare entwickelt hat. Allerdings verzögert sich dadurch das Wachstum der Pflanze jedes Mal ein bisschen, weil sie viel Energie in die Wundheilung stecken muss. Zu häufiges Pinzieren kann deshalb dazu führen, dass die Pflanze es im Herbst aufgrund von fallenden Temperaturen nicht schafft, rechtzeitig Früchte auszubilden.

Anschließend werden die Jungchilis ab Mai langsam abgehärtet und dann nach draußen gestellt – am liebsten windgeschützt in die volle Sonne. Auch Chilis bilden eine Königsblüte aus, die du abschneiden kannst. Sobald die Früchte ihre Farbe einmal gewechselt haben (meist von grün nach gelb/orange/rot), ist die Erntezeit gekommen. Um die Pflanze nicht unnötig zu verletzen, schneidest du die Chilischoten am besten mittig zwischen der Schote und dem Stiel mit einer sauberen Garten- oder Haushaltsschere ab.

Tipp: Ein paar kleine schwarze Flecken auf den Chilischoten sind total normal und kein Grund zur Besorgnis.

Chilipflanzen sind mehrjährig und können überwintert werden. Pass aber auf, dass die Pflanze gesund und frei von kleinen Besuchern ins Winterquartier einzieht. Da Chilis eine hohe Luftfeuchtigkeit lieben, tust du ihnen mit einem Sprühnebel aus Wasser ab und zu was richtig Gutes. Sobald sie bei ca. 10 bis 15 °C an einem hellen Ort stehen, gehen sie in die Ruhephase über und brauchen daher bis zum April keine Düngergaben mehr.

Scharf, schärfer, Chili-Öl

Zu viele Chilis geerntet und du weißt nicht, wohin damit? Wie wäre es mit einem Chili-Öl, das du easy-peasy selbst machen kannst? Dafür benötigst du:

* 100 ml Olivenöl
* 3 Chilischoten

Zubereitung:

Erhitze das Olivenöl vorsichtig in einem Topf auf mittlerer Stufe. Schneide währenddessen die Chilischoten in kleine Stückchen und gib sie dann zusammen mit den Samen ins heiße Öl. Die Samen enthalten am meisten Schärfe und können je nach Vorliebe auch weggelassen werden. Rühre immer wieder um und lass die Samen ca. 5 Minuten im Öl ziehen. Anschließend kannst du die Hitze reduzieren und das Öl weiter köcheln lassen, wenn du einen intensiveren Geschmack haben möchtest. Bist du mit der Schärfe zufrieden, kannst du das Öl vom Herd nehmen und abkühlen lassen. Siebe die Chilistückchen mit Hilfe eines Kaffeefilters oder feinen Siebs ab und fülle das Öl anschließend in eine saubere Flasche. Das selbstgemachte Chili-Öl eignet sich jetzt perfekt zum Würzen von Gerichten, Salaten oder Saucen. Verziert mit einem kleinen Anhänger oder Etikett ist es auch ein super (Last-Minute-)Geschenk.

Snackgurke

Vorzucht: Mitte April bis Ende Mai

Ernte: nach ca. 4 Monaten, ab Juli

No-Go: keine Rankhilfe

Wasserbedarf: hoch

Standort: sonnig bis halbschattig

Krankheiten/Besucher: Echter Mehltau

Topfgröße: mindestens 30 cm (1 Pflanze)

Nährstoffbedarf: Starkzehrer

Sortenempfehlung: ‚Picolino‘, ‚Minero‘

„Mhmmm, wie diese Gurke schmeckt!" Der Satz kommt dir nicht bekannt vor? Dann wird es höchste Zeit für eigene Gurken auf dem Fensterbrett. Denn anders als die Gurken, die du im Supermarkt kaufen kannst, schmecken die eigenen nicht bloß nach Wasser.

Salatgurken aus dem Supermarktregal sind sehr lange Früchte und bestehen tatsächlich zu 99 % aus Wasser. Entsprechend kann man sich vorstellen, wie groß die Pflanze wohl sein muss, an der sie mal gewachsen sind und wie der wässrige Geschmack zustande kommt. Sie eignen sich aufgrund ihrer Größe absolut nicht für dein Fensterbrett. Die Lösung ist deshalb: Mini-Gurken. Vor allem Snackgurken sind ungewohnt geschmacksintensiv. Wie praktisch, dass sie sich am ehesten auf deinem Fensterbrett wohlfühlen.

Snackgurken wachsen superschnell, weshalb du dir mit der Anzucht bis in den späten Mai Zeit lassen kannst. Sie brauchen keine tropische Umgebung und keimen bei Zimmertemperatur auf dem Fensterbrett nach ca. 1 Woche. Sobald sich das erste Laubblattpaar zeigt, kannst du die Pflanze umtopfen. Da Gurken zwar kräftige, aber sehr empfindliche Wurzeln haben, sind sie gar kein Fan von häufigem Umtopfen. Idealerweise setzt du sie deshalb schon als Jungpflanze in ihren finalen Topf.

Tipp: Äh, welche Pflanze war das jetzt nochmal? Falls du vergessen hast, ob es sich bei dem angezogenen Pflänzchen um eine Gurke oder einen Zucchino handelt, gibt es einen einfachen Trick: Nase ranhalten. Gurken riechen bereits nach Gurken, wenn sie ihre ersten Blätter ausbilden. So sind sie trotz ihrer ähnlichen Optik einfach von anderen Kürbisgewächsen zu unterscheiden.

Gurken kannst du grundsätzlich auch pinzieren (siehe Seite 66), um von mehreren Haupttrieben ernten zu können. Allerdings ist das für Gurken, die im Topf wachsen, nicht unbedingt zu empfehlen, weil sie dann sehr ausufern und nicht mehr so einfach nach oben gebunden oder an Pflanzstäben fixiert werden können. Am besten machst du von deinem Platz und der gewünschten Wuchsrichtung abhängig, ob du deine Gurke zum Friseur schicken willst oder lieber doch nicht.

Denk daran, die Gurke rechtzeitig abzuhärten, bevor du sie nach draußen stellst. Sie kriegt ansonsten schnell Sonnenbrand oder kann bei Wind umkippen und brechen. Deshalb braucht deine Pflanze unbedingt eine Rankhilfe, an der sie sich festhalten kann. Vielleicht ist dein Fensterbrett auch umgeben von einem Rahmen, an dem sie klettern darf? In der Wachstumsphase brauchen die Snackgurken regelmäßig Nährstoffe für ein gesundes Wachstum. Dass du nicht genug gedüngt hast, merkst du daran, dass die Blüten abfallen, bevor sich Fruchtansätze bilden. Zur richtigen Pflege gehört allerdings auch ein spezielles Gießverhalten, denn Gurken neigen zu Mehltau. Versuche deshalb, Feuchtigkeit von den Blättern so gut es geht fernzuhalten und schneide die unteren Blätter direkt über der Erde vorsichtshalber weg.

Ernte jeweils reife Früchte schnell ab, damit die Pflanze fleißig neue Gürkchen nachproduziert. Bleiben große Gurkensorten zu lange an der Pflanze, verfärben sich die Enden der Früchte langsam gelb. Bei Snackgurken gibt es diesen Indikator für Überreife leider nicht. Werden sie nicht rechtzeitig geerntet, werden sie einfach immer größer und verwässern dann. Achte deshalb darauf, dass du die Snackgurken spätestens erntest, wenn sie ungefähr so groß sind wie deine Handfläche. Wenn du dir unsicher bist, wann der beste Zeitpunkt gekommen ist, hilft ein Blick auf die Saatgutverpackung. Auch dort steht jeweils, ab welcher Größe die Gurken reif sind.

Echter Mehltau

Echter Mehltau ist eine Pilzerkrankung, die vor allem gerne bei Kürbisgewächsen (also Kürbissen, Gurken, Melonen, Zucchini) auftritt, aber auch andere Pflanzen wie Tomaten können betroffen sein. Echter Mehltau wird durch verschiedene Arten von Mehltaupilzen verursacht, die sich hauptsächlich auf den Blättern, Stängeln und manchmal den Früchten von Pflanzen ansiedeln. Wie viele andere Pilzarten ernährt sich der Echte Mehltau von einer hohen Luftfeuchtigkeit. Bei einem Befall zeigen sich zunächst kleine, weiße Beläge (ähnlich wie Schimmel) auf deiner Pflanze, die sich immer weiter ausbreiten und oft unregelmäßig größer werden.

Sobald du die ersten Anzeichen entdeckst, ist sofortiges Handeln angesagt. Die Sporen der Pilze verbreiten sich ansonsten schnell durch die Luft und können benachbarte Pflanzen auf deinem Fensterbrett anstecken. Infizierte Pflanzen sind nicht nur in ihrem Wachstum beeinträchtigt, sondern können bei einem starken Befall auch absterben. Damit sich der Pilz erst gar nicht breitmacht, gibt es ein paar Dinge, die du vorbeugend unternehmen kannst:

Achte darauf, dass die Pflanzen nicht zu eng stehen, sodass sie gut belüftet werden und abtrocknen können, falls sie im Regen nass werden. Das ist natürlich auf einem vollgestellten Fensterbrett nicht so einfach, deshalb kannst du regelmäßig neben abgestorbenen Pflanzenteilen auch noch gesunde Blätter von unten abschneiden. So dünnst du die Pflanze ein bisschen aus und klaust dem Pilz Nährboden, wodurch er sich nicht weiter ausbreiten kann.

Gieße die Pflanzen nach Möglichkeit nur morgens, damit die Erde tagsüber in der Sonne wieder antrocknen kann, und halte das Gießwasser von den Blättern fern. Damit sich die Sporen nicht so einfach verbreiten können, hilft außerdem eine Mulchschicht (schau dafür auf Seite 72).

Stark befallene Pflanzenteile musst du direkt abschneiden und im Restmüll entsorgen, da sich die Pilzsporen ansonsten in den Gartenabfällen weiter ausbreiten. Als Hausmittel kannst du Bio-Frischmilch und Wasser im Verhältnis 1:8 mischen, denn die Milchsäurebakterien wirken wie ein natürliches Fungizid. Sprühe das Gemisch 1 Woche lang jeden zweiten Tag auf die Blätter der Pflanze. Siehst du nach dieser Woche keine Verbesserung, müssen die Blätter abgeschnitten und entsorgt werden.

Wenn du keine Frischmilch zu Hause hast und diese auch nicht kaufen möchtest, kannst du alternativ auf Schachtelhalm-Extrakt zurückgreifen. Dieses ökologische Antipilzmittel gibt es schon sprühfertig zu kaufen. Bei der Anwendung kannst du dich ganz einfach an der Verpackungsanleitung orientieren.

Zucchino

Vorzucht: Mitte April bis Mitte Mai

Ernte: nach ca. 3 Monaten, ab Juli

No-Go: nasse Blätter

Wasserbedarf: hoch

Standort: sonnig bis halbschattig

Krankheiten/Besucher: Echter Mehltau

Topfgröße: mindestens 30 cm (1 Pflanze)

Nährstoffbedarf: Starkzehrer

Sortenempfehlung: ‚One Ball‘, ‚Piccolo‘, ‚Patio Star‘

Auf die Plätze, fertig, los: Zucchini gehören zu den Sprintern im Gemüsegarten, sind vielfältig in der Küche einsetzbar und kommen in unterschiedlichen Formen und Farben daher. Die Aussaat beginnt im April.

Da Zucchinisamen relativ groß sind, kannst du sie supergut auf einem Küchenpapier vorziehen. Dort keimen sie bereits nach 1 oder 2 Tagen. Nach kurzer Zeit in der Anzuchterde haben sie schon kräftige Wurzeln entwickelt. Sobald sich das erste Laubblatt zeigt, kannst du die Jungpflanzen in nährstoffreiche Erde umsetzen und nach dem letzten Frost langsam abhärten.

Weil Zucchini so schnell wachsen, brauchen sie regelmäßig Futter und ausreichend Wasser. Um ihren Ansprüchen nachzukommen, solltest du zum einen den größten Topf wählen, der auf deinem Fensterbrett Platz findet. Zum anderen brauchen Zucchini in der Hauptwachstumszeit alle 1 bis 2 Wochen Düngergaben und möchten viel gegossen werden.

Um Mehltau vorzubeugen, solltest du beim Gießen darauf achten, die Pflanze nicht mit Wasser zu benetzen. Mit einem kleinen Stab kannst du die Pflanze zudem so im Topf fixieren, dass ihre Früchte über den Rand hängen. So kannst du verhindern, dass die Früchte anfangen zu faulen, wenn sie mit der feuchten Erde in Berührung kommen.

Sobald die länglichen Früchte eine Größe von ca. 10 cm erreicht haben, sind sie bereit zum Ernten. Bei der runden Sorte ‚One Ball‘ haben ausgewachsene Früchte die Größe eines Tennisballs. Ebenso wie bei den anderen Kürbisgewächsen sorgt eine regelmäßige Ernte dafür, dass die Pflanze fleißig bis in den Herbst immer wieder neue Früchte ansetzt. Auch produziert sie stetig neue Blätter. Um ihr Wachstum etwas einzugrenzen, kannst du daher regelmäßig die unteren Blätter abschneiden, selbst wenn sie gesund aussehen. Solange ungefähr 4 große Blätter stehenbleiben, kann die Pflanze ausreichend Photosynthese betreiben.

Nebenbei bemerkt: Auch die Zucchiniblüten sind eine echte Delikatesse. Frisch geerntet kannst du sie füllen und anschließend braten, backen oder frittieren.

Was ist Mulchen und was bringt das?

Im Sommer kommst du auf einem sonnigen Fensterbrett und in kleinen Gefäßen mit dem Gießen nicht hinterher? Dann solltest du deine Töpfe mulchen. Mulchen heißt, dass du organisches Material wie Laub oder Stroh oben auf die Erde streust und so den Boden um eine Pflanze herum bedeckst. Du kennst das vielleicht von Erdbeerfeldern. Im Herbst kannst du ganz einfach trockenes Laub von der Straße auflesen oder das Stroh in einem Zoofachgeschäft kaufen (oder du schaust bei einem landwirtschaftlichen Betrieb vorbei). Gemulchte Töpfe haben den Vorteil, dass die Feuchtigkeit nicht so schnell verdunsten kann und sich die Temperaturen unter der Mulchschicht besser regulieren.

Sobald du die Jungpflanzen in ihre endgültigen Töpfe oder Balkonkästen gesetzt hast, kannst du sie zusätzlich mit einer Mulchschicht schützen. Das Material wird dabei einige Zentimeter dick auf die Erde gegeben. Im kalten Frühling und ab Herbst bietet es den Pflanzen einen Kälteschutz und sorgt dafür, dass sich die Wärme unter der Schutzschicht hält. Im Sommer verhindert die Mulchschicht, dass sich Beikräuter in deinem Balkonkasten breit machen, deren Samen vom Wind oder von Vögeln auf dein Fensterbrett getragen werden. Zudem sorgt die Mulchschicht dafür, dass du weniger gießen musst, weil Wind und Sonne die Erde nicht so schnell austrocknen können.

Apropos Wind: Wenn es auf deinem Fensterbrett sehr windig ist, solltest du dafür sorgen, dass deine Mulchschicht nicht wegwehen kann.

Mit der Zeit zersetzt sich das Material und führt dem Boden neue Nährstoffe zu. Wundere dich also nicht, falls du im Herbst nochmal nachmulchen musst.

Knackige Vitaminbomben: Jetzt geht's rund!

Pralle Sonne ist nicht so deins? Dann kommen auf den nächsten Seiten pflanzige Kandidatinnen, die es sich auch gerne im Halbschatten gemütlich machen. Das macht sich schon bei der Anzucht bemerkbar: Anders als die Sonnenkinder brauchen sie keine warme Kinderstube und können schon zeitig im Frühjahr nach draußen umsiedeln.

Damit deine vitaminige Ernte auch in den Tagen danach noch schön knackig bleibt, kannst du sie in Zeitungspapier oder ein feuchtes Geschirrhandtuch wickeln und in den Kühlschrank legen. So kann sie weitere 2 Wochen gut überstehen.

Übrigens: Zu früh ernten geht nicht, denn die Früchte der folgenden Pflanzen sind alle schon von Beginn an genießbar. Damit du allerdings eine gute Ernte einfahren kannst, lohnt es sich, zumindest die ersten Wochen abzuwarten. Ansonsten ist das Gemüse sehr klein und die Ausbeute entsprechend gering.

Vorzucht: Februar bis Mitte Juli

Ernte: nach 2 bis 3 Monaten, ab Mai bis Ende Oktober

No-Go: unregelmäßiges Gießen

Wasserbedarf: mittel

Standort: halbschattig

Krankheiten/Besucher: Schmetterlingsraupen (Kohlweißling)

Topfgröße: mindestens 20 cm (1 Pflanze), 2 pro Balkonkasten

Nährstoffbedarf: Mittelzehrer

Sortenempfehlung: ‚Früher Grüner‘, ‚Weißer Delikatess‘ (weiß), ‚Blauer Delikatess‘ (lila)

Egal, ob frisch geschält mit etwas Salz, als kleiner Snack zwischendurch oder zartschmelzend gekocht oder gebraten – Kohlrabi ist nicht nur superlecker, sondern auch vielseitig. Sogar seine Blätter sind essbar und machen sich gut im Salat.

Schon im Februar kannst du mit der Aussaat in der Wohnung starten. Die kleinen Jungpflanzen können dann bereits nach 6 bis 8 Wochen nach draußen gestellt werden. Am besten schützt du sie zu Beginn mit einem umgestülpten Schraubglas, das du wie ein Gewächshaus über die Jungpflanze stellst. Alternativ kannst du ein Vlies als Kälteschutz verwenden. Wird es dem Kohlrabi nämlich zu kalt, bildet er keine Knolle aus.

Im Sommer wird der Kohlrabi besonders gerne vom Kohlweißling besucht. Der weiße Schmetterling legt seine gelben Eier auf den Blättern ab. Sobald die hellgrünen Raupen schlüpfen, dauert es nicht lange und die Blätter sehen aus wie ein Sieb. Entferne das Eigelege deshalb so früh wie möglich. Mit seinem mittleren Nährstoffbedarf freut sich der Kohlrabi über ein bisschen frischen Kompost, sobald er im Topf einzieht. Da er schnell wächst und je nach Sorte schon nach 2 Monaten bereit zum Ernten ist, lohnt sich die Verwendung von Langzeitdünger hier nicht. Stattdessen kannst du ihn 6 Wochen nach der Anzucht einmal mit Flüssigdünger versorgen.

Kohlrabi ist im Halbschatten nicht sehr durstig. Allerdings mag er es gar nicht, wenn er unregelmäßig gegossen wird. Besonders an trockenen und warmen Tagen solltest du ihn deshalb mit ausreichend Feuchtigkeit versorgen. Wechseln sich Trockenperioden und kräftiges Gießen zu stark ab, kann es sein, dass der Kohlrabi aufplatzt.

Sobald sich die Knolle etwas gummiartig anfühlt, ist der perfekte Erntezeitpunkt gekommen. Den Kohlrabi kannst du dann einfach an den Blättern packen und ruckartig mitsamt seinen Wurzeln aus der Erde ziehen. Erntest du ihn zu spät, schmeckt er holzig und zäh.

Karotte

Vorzucht: März bis April

Ernte: nach ca. 3 Monaten, ab Juni

No-Go: zu flache Pflanzgefäße

Wasserbedarf: mittel

Standort: sonnig bis halbschattig

Krankheiten/Besucher: Echter Mehltau

Topfgröße: 20 cm (4 Pflanzen), 12 Snack-Karotten pro Balkonkasten

Nährstoffbedarf: Mittelzehrer

Sortenempfehlung: ‚Pariser Markt'

Bei Karotten handelt es sich sozusagen um Wurzelgemüse mit Tiefgang. Denn anders als Radieschen brauchen sie unbedingt ein tiefes Pflanzgefäß, damit sie ausreichend Platz für ihr unterirdisches Wachstum haben. Du kannst hier deshalb entweder hohe, schmale Pflanztöpfe (z. B. Rosentöpfe) wählen oder auf kleine Karottensorten ausweichen, die sich auch in einem normalen Gefäß oder Balkonkasten wohlfühlen, wie die Sorte ‚Pariser Markt'.

Bei der Anzucht von Karotten ist Geduld gefragt, denn die kleinen Samen keimen erst nach ungefähr 3 Wochen. Damit es mit der Ernte später im Jahr auch wirklich klappt, musst du bei Karotten für einen ausreichenden Pflanzabstand von 5 cm sorgen. Deshalb ist es sinnvoll, Karotten anzuziehen und anschließend zu pikieren, statt sie (wie auf den Saatgutverpackungen oft vorgeschlagen) direkt ins Pflanzgefäß zu säen.

Tipp: Die Samen von Karotten sind winzig klein, sodass 1 g bis zu 900 Samenkörner enthalten kann. Um sie griffiger zu machen und die Aussaatdichte zu verringern, kannst du deshalb etwas Sand zumischen. Alternativ gibt es für Karotten Saatbänder, bei denen die Samen bereits im perfekten Abstand angeordnet sind.

Karotten mögen es, wenn sie regelmäßig gegossen werden und die Erde immer etwas feucht bleibt. Ansonsten kann es nach zu langen Trockenphasen passieren, dass sie aufplatzen. Sobald das Laub gut gewachsen ist, solltest du nach Möglichkeit keinen Stickstoff mehr zuführen. Damit verhinderst du, dass die Karotte zwar viel Laub, aber wenig bis keine Wurzel ausbildet.

Ob die Karotten schon groß genug und bereit für die Ernte sind, weißt du nur, wenn du probehalber mal eine erntest. Ein kleiner Hinweis kann der orangene Kopf sein, der manchmal schon durch die Erde blitzt. Am besten klappt es, wenn du die Karotte an einem Stück langsam und vorsichtig aus der Erde ziehst. Greife dazu das Laub einfach möglichst weit am unteren Ende.

Vorzucht: März bis Juni

Ernte: nach ca. 3 Monaten, ab Juni

No-Go: zu geringer Pflanzabstand

Wasserbedarf: mittel

Standort: sonnig bis halbschattig

Krankheiten/Besucher: Blattfleckenkrankheit

Topfgröße: 20 cm (3 Pflanzen), 6 pro Balkonkasten

Nährstoffbedarf: Mittelzehrer

Sortenempfehlung: ‚Rote Kugel'

Kugelrund und köstlich – dieses farbige Wurzelgemüse hat es in sich. Beten sind nämlich nicht immer rot, sondern auch mal gelb, weiß oder rosa geringelt. Und dazu noch super gesund und ziemlich einfach in der Pflege.

Die Aussaat startet im Frühjahr mit einem Samenkörnchen pro Anzuchttopf. Aus einem Samen wachsen meist 2 oder 3 Pflanzen, weshalb du nach einiger Zeit die schwächeren Setzlinge entfernen kannst. Das musst du unbedingt machen, da eine zu dichte Aussaat zu kleinen, deformierten Rüben führt.

Rote Bete mag es sonnig, fühlt sich aber auch im Halbschatten wohl. Die roten Kugeln sind generell ziemlich widerstandsfähig gegenüber vielen Krankheiten und Besuchern, können aber die Blattfleckenkrankheit bekommen.

Achte darauf, dass die Pflanzen für ihre Wurzeln ausreichend Platz haben. Wähle daher ein Pflanzgefäß, das mindestens 15 bis 20 cm tief ist, um genügend Raum für das Wachstum der Rüben zu bieten. Rote Bete benötigt eine gute Versorgung mit Nährstoffen und freut sich deshalb ungefähr alle 6 Wochen über etwas frisches Futter.

Theoretisch kannst du schon nach ungefähr 12 Wochen ernten. Möchtest du allerdings größere Rüben haben, warte einfach noch etwas ab. Das Rübengemüse kannst du super in Salaten, Suppen, gebacken oder roh in vielen köstlichen Gerichten verwenden. Aber Vorsicht: Der rote Saft färbt ganz schön stark ab. Er überdeckt nicht nur die hellen Farben im Ofengemüse, sondern kann auch bleibende Erinnerungen an deinen Klamotten hinterlassen.

Blattfleckenkrankheit

Die Blattfleckenkrankheit ist eine Pilzinfektion, die braune Flecken auf den Blättern verursacht. Zuerst sind die Flecken klein und rund, werden aber im Laufe der Zeit größer. Entferne befallene Blätter sofort und entsorge sie im Restmüll, sodass sich der Pilz nicht weiter übertragen kann. Außerdem helfen eine gute Belüftung und (beim nächsten Mal) ein größerer Pflanzabstand. Befallene Pflanzen können trotzdem problemlos gegessen werden, sofern die Rübe nicht beschädigt ist. Auf den Verzehr der Blätter solltest du bei der Krankheit in jedem Fall verzichten.

Everybody's Darlings:
Die, die einfach mit allen können

Dein Daumen muss nicht supergrün sein, damit sich dieses Grünzeug auf deinem Fensterbrett wohlfühlt. Diese Gemüsesorten sind so selbstständig und unkompliziert, dass du dich mit ihnen garantiert gut verstehen wirst.

Die folgenden Pflanzen eignen sich übrigens nicht nur für Gartenanfänger*innen, sondern auch für solche, die gerne viel unterwegs sind. Wenn du keine Lust darauf hast, dass Gemüsepflanzen dein Fensterbrett direkt für ein Dreivierteljahr in Beschlag nehmen, kannst du mit diesen Kandidaten bereits nach spätestens 3 Monaten die erste Ernte einfahren. Auch für deine Urlaubsvertretung ist diese Pflanzenauswahl dankbar – schließlich gibt es außer etwas Gießwasser hier und da nicht viel zu tun.

Erbse

Aussaat: Anfang März bis Juli

Ernte: nach ca. 2,5 Monaten, ab Ende Mai

No-Go: keine Möglichkeit zum Ranken bei größeren Sorten

Wasserbedarf: niedrig

Standort: sonnig bis halbschattig

Krankheiten/Besucher: Echter Mehltau

Topfgröße: 30 cm für (5 Pflanzen), 6 pro Balkonkasten

Nährstoffbedarf: Schwachzehrer

Sortenempfehlung: Zuckererbse → ‚Norli‘, ‚Grace‘; Markerbse → ‚Wunder von Kelvedon‘, ‚Tom Thumb‘, ‚Half Pint‘

Wusstest du, dass sich der Zucker in Erbsen nach der Ernte schnell in Stärke verwandelt? Aus diesem Grund schmecken sie am besten, wenn man sie so frisch wie möglich verzehrt. Und wo geht das besser als auf dem eigenen Fensterbrett?

Diese pflegeleichte Gemüsepflanze kannst du schon im zeitigen Frühjahr aussäen. Weil sie im Sommer schnell Mehltau bekommen kann und Hitze nicht so gut verträgt, ist sie die perfekte Vorkultur. Die Erbsen sind meist schon vollständig abgeerntet, sobald die wärmeliebenden Pflanzen Ende Mai nachrücken wollen.

Erbsen können direkt ins Gefäß gepflanzt werden, was ihre Anzucht noch einfacher macht. Du brauchst sie weder umtopfen noch abhärten. Stecke die Erbsensamen dazu im Abstand von 5 cm in die Erde. Innerhalb von wenigen Tagen strecken sich dann die ersten grünen Köpfchen aus der Erde und zeigen direkt, wie schnell sie wachsen können.

Tipp: Weiche die Erbsen über Nacht in einem Glas mit Leitungswasser ein. Sie saugen sich mit Wasser voll und haben dann einen kleinen Vorsprung beim Keimen.

Obwohl es sich bei der Erbse um eine klassische Kletterpflanze handelt, die gerne tief wurzelt, brauchen kleine Sorten keine Rankhilfe in ihrem Topf. Sie wachsen so kompakt, dass sie auch in kleinen Töpfen oder flachen Balkonkästen auf dem Fensterbrett klarkommen. Außerdem sind sie sehr genügsam, was ihre Versorgung angeht: Sie haben einen niedrigen Wasserbedarf und kommen komplett ohne Dünger aus. In besonders kalten Frühjahrsnächten freuen sich die Pflanzen allerdings über ein schützendes Vlies.

Wunderschön anzusehen sind die zarten, weißen Erbsenblüten, die sich bereits ab Mai blicken lassen. Dann kannst du sie etwas großzügiger gießen. Kurz darauf bilden sich dann die ersten Schoten aus. Zuckererbsen kannst du bereits ernten, sobald die Schoten eine Größe von ca. 8 bis 10 cm haben. Du kannst sie entweder direkt roh verputzen oder beispielsweise zu einem vorzüglichen Curry verarbeiten.

Markerbsen hingegen werden erst geerntet, sobald sich die kleinen runden Erbsen deutlich in den Schoten abzeichnen. Geerntet werden Schoten und Erbsen am besten, indem du sie abschneidest. Ansonsten kann es passieren, dass die Pflanze aus Versehen verletzt wird.

Vorzucht: Kopfsalat im März und April, Blattsalat kann von Februar bis September direkt in den Balkonkasten gesät werden

Ernte: durchgehend nach 6 bis 8 Wochen, einjährig bis Anfang November (nicht winterhart)

No-Go: Hitze

Wasserbedarf: mittel

Standort: sonnig, halbschattig, schattig

Krankheiten/Besucher: gibt's so gut wie gar nicht

Topfgröße: alles geht, was mindestens 10 cm tief ist

Nährstoffbedarf: Mittelzehrer

Sortenempfehlung: Blattsalat → ‚Batavia', Rucola; Kopfsalat → ‚Little Gem'

Klingt vielleicht erstmal ein bisschen offensichtlich, ist aber der absolute Bringer auf dem Fensterbrett: Salate. Sie sind nämlich super pflegeleicht, wachsen schnell und sind zudem noch sehr ertragreich. Wie häufig sehnst du dich nach ein paar knackfrischen Salatblättern zur Brotzeit? Die Zeiten, in denen du ganze Salatköpfe gekauft hast, nur um einzelne Blätter zu verwenden, sind definitiv vorbei. Ab jetzt heißt es: Nonstop frisches Grün direkt vor deiner Nase.

Blattsalate kannst du breitwürfig ins Gefäß säen. Sie fühlen sich wirklich in jedem noch so kleinen Topf wohl und sind zudem unkomplizierte Mischkultur-Partner. Wachsen die Pflanzen mal zu eng, solltest du sie ein bisschen ausdünnen. Ansonsten kann es sein, dass sie aus Platzmangel schnell in die Blüte gehen.

Kopfsalate hingegen brauchen ein kleines bisschen mehr Zeit und werden gerne vorgezogen. Sie werden viel größer als Blattsalate und brauchen daher auch mindestens 20 cm Abstand zu anderen Pflanzen. Für einen kräftigen Wuchs brauchen sie ein kühles Fensterbrett. Liegen die Temperaturen in der Wohnung über 20 °C, verkümmern die Jungpflanzen schnell.

Salate müssen kaum gedüngt werden und fühlen sich eher an schattigeren Plätzchen wohl. Obwohl sie auch die Sonne mögen, kommen gerade Kopfsalate mit höheren Temperaturen nicht gut zurecht. Dann kann es sein, dass die Blätter hart werden und der Salat schnell in die Blüte geht. Kannst du ihm nur ein sonniges Fensterbrett anbieten, eignen sich vor allem Tomaten als Beetnachbarinnen. Sie spenden dem Salat den nötigen Schatten.

In staubtrockener Erde stehen Salatpflanzen gar nicht gerne. Achte also darauf, dass die Erde nicht austrocknet. Kopfsalate erntest du im Ganzen oder von außen nach innen, so wachsen stetig frische Blätter nach. Pflücksalate kannst du abschneiden, sobald sie ca. 8 cm hochgewachsen sind. Wenn du immer nur einige Blätter pro Pflanze erntest, gibt es auch hier noch eine zweite Ernte.

Tipp: Pflücksalate sind (anders als Kopfsalate) schnell nach der Ernte nicht mehr knackig, sondern schlapp. Wenn du sie 1 bis 2 Tage lagern möchtest, geht das am besten, indem du sie etwas anfeuchtest und in einem Plastikbeutel im Kühlschrank aufbewahrst.

Gartenkresse

Vorzucht: keine, Gartenkresse kann von Frühling bis Herbst gesät werden

Ernte: 2 bis 3 Wochen nach der Aussaat

No-Go: im Sommer das Gießen vergessen

Wasserbedarf: mittel

Standort: sonnig, halbschattig, schattig

Krankheiten/Besucher: Fehlanzeige

Topfgröße: alles geht, was mindestens 5 cm tief ist

Nährstoffbedarf: Schwachzehrer

Gartenkresse ist die wohl pflegeleichteste Pflanze, die dein Fensterbrett jemals zu Gesicht bekommen wird. Eigentlich musst du bis auf das Säen und Ernten gar nichts machen. Okay, vielleicht ab und zu mal gießen. Ansonsten hast du es hier mit einer Vitaminbombe zu tun, die einem nur Freude machen kann.

Die Aussaat geht ganzjährig direkt im Gefäß. Gartenkresse ist ein Lichtkeimer, weshalb du die Saat nicht einmal mit Erde bedecken musst. Da spätestens nach 3 Wochen die erste Ernte ansteht, brauchst du hier nichts pikieren oder ausdünnen, denn bevor sich die Pflanzen in die Quere kommen könnten, wandern sie bereits in deinen Mund.

Du kannst Gartenkresse übrigens schon nach 1 bis 2 Wochen als Microgreens ernten (mehr zum Thema findest auf Seite 34).

Gartenkresse braucht keinen Dünger und ist auch sonst ziemlich anspruchslos. Nur im Sommer, wenn die Temperaturen steigen, nimmt ihr Wasserbedarf zu. Lässt du sie zu sehr austrocknen, geht die Pflanze in die Blüte über. Geerntet wird die Kresse einfach, indem du sie ein Stückchen über der Erde mit einer Haushaltsschere abschnippelst. Schon kurze Zeit später wirst du dann mit einer zweiten Ernte belohnt. So einfach kann's gehen.

Vorzucht: keine, Radieschen können von März bis September direkt in den Balkonkasten gesät werden

Ernte: nach 6 bis 8 Wochen, einjährig bis Anfang November (nicht winterhart)

No-Go: die rechtzeitige Ernte vergessen

Wasserbedarf: niedrig

Standort: sonnig, halbschattig, schattig

Krankheiten/Besucher: gibt's so gut wie gar nicht

Topfgröße: mindestens 10 cm tief

Nährstoffbedarf: Schwachzehrer

Sortenempfehlung: ‚Saxa‘ (rot), ‚Zlata‘ (gelb), ‚Viola‘ (lila)

Radieschen zählen zum perfekten Newcomer-Gemüse. Warum? Sie sind absolut pflegeleicht, brauchen wenig Platz und wachsen im Turbotempo. Aus diesem Grund können sie schon 6 bis 8 Wochen nach der Aussaat geerntet werden. Außerdem kannst du die Anzucht bei ihnen einfach überspringen, denn die Samen können direkt in den Balkonkasten oder Topf gesät werden. Achte nur darauf, dass du die Samenkörnchen nicht zu eng beieinander säst, da die Pflanzen ansonsten keinen Platz haben, um ihre frischen, scharfen Knollen auszubilden. Ein Abstand von 4 bis 5 cm reicht aber locker.

Drücke für eine gleichmäßige, blitzschnelle Direktsaat mit einem Bleistift oder Pikierstab kleine Pflanzlöcher in die Erde und leg anschließend ein Samenkorn pro Loch hinein. Die Körnchen werden dann mit Erde bedeckt und etwas angegossen. Oder aber du greifst auf ein Saatband zurück: Es besteht aus einem Streifen Papier oder einem anderen biologisch abbaubaren Material, auf dem Samen in gleichmäßigen Abständen platziert sind. Die Samen sind entweder in das Papier eingebettet oder mit einem speziellen Kleber daran befestigt. So musst du dir keine Gedanken über den richtigen Abstand machen.

Für laufend frische Radieschen kannst du direkt ein Saatkorn in das Loch fallen lassen, das entsteht, wenn du ein reifes Radieschen an den Blättern aus der Erde ziehst. So bist du durchgehend von Frühjahr bis Herbst mit den gesunden Leckerbissen versorgt.

Ob Radieschen reif sind, erkennst du daran, dass die roten Knollen zu einem Drittel aus der Erde gucken. Da heißt es dann: probieren! Da du nicht in die Erde gucken kannst, ist es am einfachsten, wenn du probehalber mal ein Radieschen am Schopf packst und einfach reinbeißt. Je länger du mit der Ernte wartest, desto intensiver wird ihre Schärfe. Am besten schmecken sie frisch geerntet, wenn sie richtig knackig sind. Denn anders als die behandelten Radieschen aus dem Supermarkt werden die selbstgezogenen Knollen zu Hause schnell schlaff und weich, wenn sie 1 bis 2 Tage in der Küche liegen bleiben.

Übrigens: Ist es im Sommer auf deinem Outdoor-Fensterbrett richtig schön warm, kann es sein, dass die Radieschen schnell dazu übergehen, Blüten auszubilden. Hier musst du mit der Ernte also schnell sein. Die kleinen weißen Blüten sehen zwar wunderschön aus, sorgen aber gleichzeitig für einen holzigen Geschmack, sodass die Radieschen dann ungenießbar werden. Blühende Radieschen kannst du einfach stehen lassen. Sie bieten Nahrung für Insekten und bilden nach der Blüte neues Saatgut aus, das du wiederum für die nächste Aussaat nutzen kannst.

(Fast) Tutti Frutti: Obst auf dem Fensterbrett

Gemüse schön und gut, aber du magst es auch mal fruchtig? Dann darf natürlich die Obst-Abteilung auf deinem Fensterbrett nicht fehlen.

Die meisten Früchte wachsen bekanntlich an Bäumen und die sind wiederum logischerweise nichts für dein Fensterbrett. Hast du neben dem Fenster aber eine absturzsichere Stellfläche, kannst du dort verschiedene Beerensträucher wie Johannisbeeren, Himbeeren, Stachelbeeren oder Kern- und Steinobst wie kleine Apfel-, Birnen-, oder ein Pflaumenbäumchen in einem großen Kübel mit mindestens 40 cm Durchmesser pflanzen. Busch oder Baum sollten nur nicht direkt vor dem Fensterbrett stehen, da sie sonst den anderen grünen Freundinnen das Licht streitig machen.

Doch keine Sorge, auf den nächsten Seiten kannst du Obstpflanzen entdecken, die auch mit etwas kleineren Töpfen zurechtkommen – sogar auf einem Fensterbrett.

Erdbeere

Vorzucht: lieber im Frühjahr Jungpflanzen kaufen, sonst ab Februar

Ernte: (je nach Sorte) ab Juni bis Oktober

No-Go: Staunässe

Wasserbedarf: mittel

Standort: sonnig, halbschattig; Walderdbeeren: schattig

Krankheiten/Besucher: Vögel

Topfgröße: 3 bis 4 Pflanzen in einem 20-cm-Topf, mindestens 10 cm hoch

Nährstoffbedarf: Mittelzehrer

Sortenempfehlung: ‚Korona‘, ‚Polka‘, ‚Ostara‘; Walderdbeeren → ‚Waldkönigin‘, ‚Rosa Perle‘

Wer liebt sie nicht, die knallroten, süßen Leckerbissen? Erdbeeren dürfen in keinem Garten fehlen – und natürlich auch nicht auf deinem Fensterbrett. Zum Glück fühlen sie sich dort ausgesprochen wohl, denn sie brauchen nicht viel Platz und mögen auch gerne eine Runde in Pflanzenampeln schaukeln.

Erdbeeren kannst du entweder aussäen oder im Frühjahr als Jungpflanzen kaufen. Letzteres empfiehlt sich für das Fensterbrett vor allem dann, wenn du direkt im gleichen Jahr noch von den Erdbeeren naschen willst.

Die Jungpflanzen können schon Anfang April ausgesetzt werden. Lass am besten 20 cm Abstand zwischen den einzelnen Pflanzen, damit sie genug Platz zum Wachsen haben. Beim Einpflanzen sollte das Herz der Pflanze (also der Bereich, aus dem die neuen Blätter kommen) unbedingt oberhalb der Erde sitzen.

Erdbeeren mögen sonnige und halbschattige Standorte. Sie wachsen zwar genauso im Schatten, allerdings fehlt es den Früchten dann an Süße. Doch keine Sorge: Auch für schattige Plätzchen gibt es Erdbeersorten. Man muss sich nur zu helfen wissen.

Walderdbeeren für schattige Plätzchen
Während die klassischen Monatserdbeeren am liebsten in der Sonne baden, vertragen Walderdbeeren auch schattigere Fensterbretter.
Denn sie wachsen normalerweise, wie der Name schon sagt, im Wald und sind deshalb dichtes Laub über ihren Köpfen gewohnt. Diese Erdbeersorte bringt kleinere Früchte hervor, die allerdings ebenso köstlich schmecken wie ihre kultivierten Verwandten. Die Anzucht ist, wie bei der Monatserdbeere, eine kleine Herausforderung. Da die Samen erst nach 3 Wochen keimen, solltest du schon im Februar mit der Aussaat anfangen. Jungpflanzen bekommst du ansonsten in Gärtnereien oder in Onlineshops.

Beim Gießen brauchst du dich nicht zurückhalten. Erdbeeren haben nur kurze Wurzeln und lieben einen feuchten Boden. Da die oberen Erdschichten schnell austrocknen, müssen sie regelmäßig gegossen werden. Sie bekommen allerdings (wie alle anderen Pflanzen) bei Staunässe Probleme. Idealerweise werden sie morgens mit lauwarmem Wasser nah über der Erde gegossen, während du ihre Blätter und Früchte hochhältst. Feuchte Beeren fangen ansonsten schnell an zu faulen. Während die Erdbeere Früchte trägt, wird sie nicht gerne gedüngt. Ansonsten freut sie sich einmal im Monat und nach dem Abernten über ein paar frische Nährstoffe.

Mit der Zeit werden die unteren Blätter braun und welk – du kannst sie einfach abschneiden und entsorgen. Auch Ausläufer, über die sich die Pflanze vermehrt, solltest du regelmäßig kappen, damit die Erdbeere ihre Energie in die Reifung der Früchte steckt.

Tipp: Lege die Ausläufer für ein paar Tage ins Wasser. Sobald sie Wurzeln gebildet haben, kannst du sie einpflanzen und hast so im nächsten Jahr noch mehr saftig-süße Erdbeeren. Erdbeeren sind winterhart und brauchen keinen Kälteschutz. Praktisch, oder? Im nächsten Frühjahr treiben sie wieder aus und verwöhnen dich erneut.

Heidelbeere

Pflanzung: März bis September

Ernte: Juli bis August

No-Go: Staunässe

Wasserbedarf: mittel

Standort: sonnig bis halbschattig

Krankheiten/Besucher: Blattläuse

Topfgröße: mindestens 30 cm

Nährstoffbedarf: Starkzehrer

Sortenempfehlung: ‚BrazelBerry®‘ (winterhart)

Zugegeben: Die Heidelbeere gehört nicht zu den kleinsten Obstpflanzen. Nichtsdestotrotz findet sie auf tieferen Fensterbrettern trotzdem einen wunderbaren Platz. Praktische, kompakte Züchtungen für den Topf sind zum Beispiel unterschiedliche Sorten der ‚BrazelBerry®‘. Besonders die ‚Pink Breeze®‘ ist mit ihren zart-pinken Blättern ein richtiger Hingucker. Diese Heidelbeeren sind in Gärtnereien oder bei verschiedenen Anbietern in Onlineshops erhältlich.

Der perfekte Standort für die Heidelbeere ist sonnig bis halbschattig. Wie alle Beerensträucher bevorzugt auch die Heidelbeere einen leicht sauren Boden. Ein bisschen Kaffeesatz aus der Küche schmeckt ihr deshalb vorzüglich (mehr dazu auf Seite 44). Geerntet werden die kleinen, blauen Kugeln ab Juli. Sie enthalten neben vielen Vitaminen auch Antioxidantien. Gesund und yummy – was will man mehr?

Achte besonders im Sommer darauf, dass die Erde nicht austrocknet. Heidelbeeren wachsen ursprünglich in Mooren und mögen stetig leicht feuchten Boden, um sich richtig wohlzufühlen. Versorge die Pflanze außerdem alle 2 Wochen mit Dünger.

Zwischen November und März kannst du der Heidelbeere einen neuen Haarschnitt verpassen, damit sie ihre kompakte Form behält (sofern sie nicht, wie z. B. die BrazelBerry®, sowieso einen gedrungenen, rundlichen Wuchs hat). Schneide dazu die äußeren, verholzten braungrauen Zweige bodennah zurück, sodass nur noch 5 bis 8 grüne Triebe stehen bleiben. Außerdem kannst du Zweige abschneiden, die sich überkreuzen oder ins Innere des Strauches wachsen. Ansonsten ist gut zu wissen, dass die Pflanze frostige Temperaturen bis -20 °C verträgt und daher problemlos auf dem Außenfensterbrett überwintert werden kann.

Melonenbirne

Vorzucht: Februar bis April

Ernte: Juli bis November

No-Go: windige Ecken

Wasserbedarf: hoch

Standort: sonnig

Krankheiten/Besucher: Weiße Fliege

Topfgröße: mindestens 30 cm

Nährstoffbedarf: Starkzehrer

Sortenempfehlung: ‚Pepino'

Was jetzt – Melone oder Birne? Irgendwie beides und trotzdem keins davon. Die Melonenbirne sieht nicht nur fancy aus, sondern verleiht deinen Obstsalaten auch einen sommerlichen, süßen Geschmackmix aus: Birne und Melone. Ihre gelben Früchte werden ungefähr so groß wie Gänseeier.

Um die Melonenbirne auf deinem Fensterbrett zu kultivieren, kannst du bereits im Februar mit der Anzucht starten. Sowohl bei der Anzucht als auch bei der Standortwahl kann man sich gut an Tomaten (Seite 60) orientieren. Die Melonenbirne kann Regen von oben ebenfalls nicht leiden und braucht einen sonnigen und warmen Standort mit möglichst vielen Sonnenstunden. An windigen Plätzen gefällt es ihr gar nicht, denn da wird sie schnell von der Weißen Fliege besucht.

Rechtzeitig vorher abgehärtet freut sich die Melonenbirne ab Ende Mai über einen Topf mit einem Durchmesser von mindestens 30 cm. Versorge die Pflanze ab jetzt regelmäßig mit Dünger und Wasser, damit sie ihre Wuchshöhe von ca. 80 cm erreicht. Eventuell braucht das Naschobst eine Stütze. Geerntet werden die Früchte, wenn sie ihre typische Größe und Färbung erreicht haben. Du kannst sie einfach mit einer Garten- oder Haushaltsschere abschneiden und entweder direkt vernaschen oder für kurze Zeit in den Kühlschrank legen. Die Melonenbirne ist die perfekte Erfrischung für warme Sommertage.

Die Weiße Fliege

Weiße Fliegen sind winzig und haben es auf unterschiedliche Obst- und Gemüsesorten abgesehen. Neben der Melonenbirne machen sie sich zum Beispiel gerne an Kohlpflanzen zu schaffen. Besonders gut gefällt es ihnen an warmen und trockenen Blattunterseiten, wo sie genüsslich die Blätter anzapfen und den Pflanzensaft heraussaugen. Befallene Pflanzen bekommen schnell gelbe Blätter und haben Schwierigkeiten, zu wachsen.

Ringelblumen, Kapuzinerkresse und Basilikum helfen dabei, dem Befall durch die Weiße Fliege vorzubeugen, wenn sie in die Nähe der Melonenbirne gepflanzt werden. Ansonsten freuen sich Marienkäfer und Schlupfwespen über den kleinen Snack zwischendurch. Außerdem ist es ratsam, regelmäßig die Blattunterseiten zu kontrollieren und die Fliegen mit einem harten Wasserstrahl wegzuspritzen – natürlich ohne dabei die Pflanze zu verletzen.

Mini-Wassermelone

Vorzucht: April bis Mai

Ernte: Juli bis September

No-Go: keine Rankhilfe

Wasserbedarf: hoch

Standort: sonnig

Krankheiten/Besucher: Echter Mehltau

Topfgröße: mindestens 30 cm

Nährstoffbedarf: Starkzehrer

Sortenempfehlung: ‚Sugar Baby'

Wassermelonen auf dem Fensterbrett? Na, jetzt geht's aber los! Klingt unrealistisch, ist es aber gar nicht. Wie viele andere Gemüse- und Obstpflanzen hat nämlich auch die Wassermelone ein Mini-Me am Start. Damit der Anbau im Topf gelingt, muss es eine kleine, kompakte Sorte sein.

Mini-Wassermelonen gehören zur Familie der Kürbisgewächse und werden daher auch erst ab April angezogen, sobald ausreichend Sonnenlicht in die Wohnung fällt. Die Samen werden einzeln in Anzuchttöpfe gesteckt und umgetopft, wenn sie die ersten Laubblätter entwickelt haben. Dann bevorzugen sie schon nährstoffreiche Erde, die ihr Wachstum unterstützt. Es kann auch nicht schaden, der Mini-Melone im Jungpflanzenstatus schon eine Rankhilfe zu geben: Die kleinen Rankärmchen wachsen gleichzeitig mit den ersten Blättern und weisen ihr dann schon mal die richtige Richtung.

Wassermelonen sind nämlich Kletterpflanzen und brauchen langfristig unbedingt ein Gerüst, an dem sie sich hochhangeln können. Bietet dein Fensterbrett ausreichend Platz, um sie ranken zu lassen? Wunderbar. Dann solltest du sie vorsichtig in gleichmäßigen Abständen anbinden. Ist der Platz allerdings begrenzt, kannst du auch eine Rankhilfe direkt neben die Pflanze in die Mitte des Topfes setzen und die Wassermelone spiralförmig um den Rankstab nach oben binden. So werden die Blätter trotzdem noch ausreichend belüftet.

Da die kleinen Wassermelonen ähnlich durstig sind wie ihre großen Verwandten, musst du sie regelmäßig gießen. Lass aber die obere Bodenschicht zwischendurch gut abtrocknen, damit du die Pflanze nicht versehentlich überwässerst. Ansonsten bekommen die Blätter schnell Mehltau oder die Pflanze leidet unter Staunässe.

Mini-Wassermelonen sind echte Sonnenanbeterinnen: Je mehr Sonne, desto besser, allerdings am liebsten ohne starken Wind. Dünge sie alle 2 Wochen, um ihren Nährstoffbedarf zu decken. Geerntet werden die kleinen Früchte etwa 3 Monate nach der Aussaat. Je nach Standortbedingungen kann es allerdings etwas länger dauern. Die reifen Früchte erkennst du an einer (dunkel-)grünen Schale. Sie haben (je nach Sorte) ungefähr die Größe eines Tennisballs.

Es ist noch gegen alles ein Kraut gewachsen: Die besten Fensterbrett-Kräuter

Kraut und Rüben? Immer her damit auf dem Fensterbrett. Dann musst du für den nächsten Basil Smash nicht erst in eine Bar gehen und kein Vermögen mehr für dein Minzwasser ausgeben – nope, das kriegst du alles easy zu Hause hin.

Kräuter dürfen auf dem Fensterbrett nicht fehlen. Sie sind nicht nur super gesund und pflegeleicht, sondern brauchen auch nur ganz wenig Platz. Perfekt also, wenn man sich einen Mini-Garten anlegen möchte! Im Sommer kannst du dir die frischen Blätter abzupfen und damit sofort Drinks oder Gerichte verfeinern. Damit du aber auch im Winter gut versorgt bist, kannst du deine Fensterbretternte rechtzeitig trocknen. Lass dich in den dunklen Monaten von deinen Kräutern in den Sommer zurückkatapultieren, wenn du sie für Tees oder zum Würzen verwendest.

Achte nur darauf, richtig zu ernten: Statt einzelne Blätter abzuzupfen, solltest du ganze Triebe ernten, die du über der nächsten Blattachsel abschneidest. Dann wachsen die Kräuter buschig und kompakt nach. Pass auf, dass du den Stängel nicht zu niedrig abknipst. Es sollten immer noch 2 Blattpaare zurückbleiben.

So überleben gekaufte Kräuter aus dem Supermarkt

Wahrscheinlich ist es dir auch nicht nur einmal passiert: Du bringst ein frisches, gesundes Basilikumpflänzchen nach Hause und es dauert keine Woche, da hängt es schlaff herunter. Die Pflanze geht ein, obwohl du sie gegossen und ans Licht gestellt hast. Warum?

Die meisten Kräuter und Pflanzen, die man im Supermarkt kaufen kann, werden in zu kleinen Töpfen verkauft. Topfst du sie nicht um, sobald sie bei dir einziehen, sind ihre Tage gezählt. Damit die Kräuter ewig auf deinem Fensterbrett überleben, freuen sie sich nach 2 bis 3 Tagen über einen größeren Topf mit frischer Erde. Vor dem Umtopfen kannst du den Wurzelballen vorsichtig etwas aufbrechen oder sogar die Pflanze in 2 oder 3 Teile teilen. Je nach Vorliebe brauchen sie nährstoffreiche oder -arme Erde. Gieße die Pflanze dann vorsichtig an und stelle sie auf das Fensterbrett. Du kannst das Wurzelwachstum zudem beschleunigen, indem du die Kräuter ein gutes Stück zurückschneidest.

Manchmal sehen die Pflanzen gerade im Winter auch einfach etwas schlapp aus, weil sie gestresst sind und erst einmal die Reise vom Supermarkt raus in die Kälte und hinein in eine beheizte Wohnung verdauen müssen. Pass auf, dass du sie nicht übergießt, weil sie vermeintlich durstig aussehen. Den Wasserbedarf der einzelnen Kräuter kannst du den Pflanzenporträts entnehmen, ansonsten hilft dir die Fingerprobe dabei, zu überprüfen, ob es den Kräutern wirklich an Wasser mangelt oder ob sie einfach nur etwas Zeit zum Ankommen brauchen.

How to: Kräuter trocknen

Schneide die Kräuter großzügig zurück (ca. 2/3) und kontrolliere sie auf Krankheiten und kleine Tiere. Hast du ein südseitiges Fensterbrett, erntest du die Kräuter am besten morgens, bevor die Sonne zu stark wird. Anschließend bindest sie mit einem Gummiband zusammen und hängst sie kopfüber zum Trocknen auf. Idealerweise ist der Ort gut belüftet und warm, allerdings nicht der direkten Sonne ausgesetzt, denn dann könnten die Kräuter ihr Aroma verlieren.

Achtung: Blattkräuter (z. B. Salbei und Minze) sollten lieber ohne ihren Stiel getrocknet werden, da sich die ätherischen Öle ansonsten in den Stängel zurückziehen. Zupfe bei Kräutern mit großen Blättern deshalb nach der Ernte nur die sauberen und gesunden Blätter ab und lasse sie auf einem Stück Küchenpapier trocknen.

Nach 1 bis 2 Wochen sind sie ausreichend getrocknet. Ein guter Indikator ist das Knistern bzw. Rascheln, das entsteht, wenn du die Kräuter berührst. Jetzt kannst du die Blätter von den Stängeln trennen und in Schraubgläsern verstauen, um sie dann später mit heißem Wasser aufzugießen, Duftkissen zu machen oder Kräutersalz herzustellen.

Basilikum, Koriander und Schnittlauch sind jedoch nicht so gut zum Trocknen geeignet. Aufgrund ihres hohen Wassergehalts könnten diese Kräuter gegebenenfalls schimmeln oder ihr Aroma verlieren. Statt sie zu trocknen, kannst du sie haltbar machen, indem du sie im Tiefkühlfach einfrierst.

Basilikum

Vorzucht: April bis Mai

Ernte: durchgehend im Sommer, teilweise mehrjährig (nicht winterhart)

No-Go: austrocknen lassen

Wasserbedarf: mittel bis hoch

Standort: sonnig, halbschattig

Krankheiten/Besucher: Sonnenbrand

Topfgröße: mindestens 15 cm

Nährstoffbedarf: Mittelzehrer

Sortenempfehlung: ,Genovese' (der Klassiker)

Mamma Mia – Basilikum gehört nicht nur in die traditionelle italienische Küche, sondern auch in deine. Besonders wohl fühlt es sich auf einem sonnigen Fensterbrett. Sobald die Tage hell genug sind, kannst du mit der Anzucht im April starten. Statt jedes Körnchen einzeln zu setzen, werden die Samen großflächig ausgesät und nicht mit Erde bedeckt. Hier eignet sich eine flache Schale mit möglichst viel Erdoberfläche besonders gut.

Zu eng gesäte Pflänzchen kannst du büschelweise in nährstoffarme Erde pikieren, sobald sie ihre ersten Blattpaare entwickelt haben. Obwohl Basilikum ein Sonnenanbeter ist, kann es schnell Sonnenbrand bekommen. Dann bleichen die sonst so saftigen Blätter aus, bekommen trockene Ränder und verlieren ihr Aroma. Deshalb müssen die empfindlichen Jungpflanzen langsam an die Sonneneinstrahlung gewöhnt werden, bevor sie nach dem letzten Frost das Outdoor-Fensterbrett beziehen. Härte sie deshalb unbedingt vorher 1 Woche lang tagsüber ab.

Da Basilikum relativ große Blätter entwickelt, die viel Feuchtigkeit enthalten und diese über die großen Oberflächen wieder verlieren, gehört Basilikum zu den durstigen Kräutern. Am liebsten steht es durchgehend in feuchter Erde. Achte bei den großzügigen Wassergaben allerdings darauf, dass keine Staunässe entsteht. Wenn Basilikum nicht allein im Balkonkasten wachsen soll, passen besonders Beetnachbarn mit einem ähnlich hohen Wasser- und Wärmebedarf dazu. Das sind z. B. Tomate, Chili, Paprika und Aubergine.

Wenn du dein Basilikum ernten möchtest, schneidest du einfach die Triebspitzen direkt über dem nächsten Blattknoten ab. Schon kurze Zeit später treibt die Pflanze wieder aus und bekommt durch die regelmäßige Ernte eine buschige, kompakte Form. Da sie schnell wächst, braucht sie regelmäßig frische Nährstoffe. Idealerweise versorgst du Basilikum daher einmal pro Monat mit etwas Dünger.

Im Hochsommer bildet das Basilikum Blütenknospen aus. Sobald du sie entdeckst, kannst du sie abschneiden. Dadurch steckt die Pflanze mehr Energie in die Blattbildung und du kannst die Lebensdauer deines Basilikums verlängern. Vor und während der Blüte schmeckt es super intensiv, danach eher bitter. Blühen die kleinen weißen oder rosafarbenen Blüten erst, wird die Pflanze bald verblühen und Samen ausbilden. Die Blüten sind übrigens essbar und schmecken nur ganz leicht nach Basilikum. Nach und nach werden die Blüten des

Basilikums braun und vertrocknen. Erst danach solltest du die Blütenstände abschneiden und Saatgut gewinnen, indem du die Blüten zwischen den Fingern zerreibst und die kleinen Samen herausfallen lässt. Neben dem klassischen, grünen Basilikum gibt es viele verschiedene Sorten in unterschiedlichen Farben: Einige sind rot oder lila, andere schmecken auch ein bisschen nach Lakritz, Nelken, Zimt oder Zitrone. Zudem gibt es Sorten, die mehrjährig sind. Sie vertragen zwar keinen Frost, können aber nach einem Rückschnitt bei 15 bis 20 °C in der Wohnung überwintert werden. Den Rückschnitt selbst erledigst du am besten im Sommer während der Wachstumszeit: Stutze regelmäßig die Triebspitzen um etwa 5 cm knapp über einem Blattpaar, damit aus der Blattachsel neue Triebe wachsen können.

Spätestens, wenn die Temperaturen draußen unter 10 °C fallen, solltest du das Basilikum ins Haus holen und an einen hellen Platz stellen. Die Ernte geht einfach weiter.

Minze

Vorzucht: März bis Juni

Ernte: durchgehend im Sommer, mehrjährig (nicht winterhart)

No-Go: verkuppeln mit Beetnachbarinnen

Wasserbedarf: mittel

Standort: halbschattig

Krankheiten/Besucher: Echter Mehltau

Topfgröße: mindestens 15 cm

Nährstoffbedarf: Mittelzehrer

Sortenempfehlung: ‚Marokkanische Minze'

Ab März kannst du mit der Anzucht loslegen. Setze die Jungpflanze anschließend in vorgedüngte Erde um, sobald sie kräftige Wurzeln ausgebildet hat. Nach dem letzten Frost kannst du anfangen, die Minze 1 Woche lang abzuhärten. Sie muss regelmäßig geerntet werden, um kompakt zu wachsen und mehrere Triebe auszubilden. Zudem mag sie es, wenn sie an einem halbschattigen Standort steht. Minze verbreitet sich schnell über die Wurzeln und verdrängt so andere Pflanzen, die neben sie gesetzt werden. Zieh sie deshalb besser separat in einem Topf oder Balkonkasten an, ohne sie dabei mit Beetnachbarinnen zu verkuppeln.

Im Vergleich zu vielen anderen Kräutern gehört die Minze zu den durstigeren Exemplaren. Gieße sie direkt dicht über der Erde regelmäßig alle 3 bis 4 Tage. So beugst du einer Überwässerung vor, die nicht nur Staunässe, sondern auch die perfekten Bedingungen für eine Pilzkrankheit mitbringt. Minze ist nämlich anfällig für Echten Mehltau (Seite 70). Sobald die Temperaturen draußen unter 15 °C fallen, solltest du die Minze einmal auf halber Höhe mit einem scharfen Messer abschneiden und ins Haus holen, um Frostschäden zu vermeiden. An einem hellen Fenster fühlt sie sich dann besonders wohl. Über die Wintermonate wächst sie oft nur langsam weiter. Nichtsdestotrotz solltest du sie im Zeitraum von November bis März alle 6 Wochen weiter düngen. Im nächsten Frühjahr wird sie wieder abgehärtet und hinausgestellt, sobald der Frost vorbei ist.

Du kannst mit den Minzblättern dein Wasser oder Currys, Soßen, Desserts und Salate verfeinern, oder du machst dir dank Fensterbrettgarten-Apotheke einen frischen Minztee. Die aufgebrühten Blätter helfen zum Beispiel bei Verdauungsbeschwerden, Übelkeit oder Erkältungen.

Wie das duftet: Zitronenmelisse

Same, same but different. Zitronenmelisse sieht ähnlich aus wie Minze und hat genau die gleichen Bedürfnisse und Ansprüche an einen Standort auf dem Fensterbrett. Da sie zur gleichen Pflanzenfamilie, den Lippenblütlern, gehören, ist das keine große Überraschung. Trotzdem unterscheidet die beiden aromatischen Kräuter neben dem Geschmack noch etwas voneinander: Zitronenmelisse ist im Vergleich zur Minze superrobust und kann deshalb auch draußen überwintert werden. Sie macht sich super in Limonaden oder Tees und ihr wird eine krampflösende Wirkung nachgesagt.

Koriander

Aussaat Februar bis April

Ernte: durchgehend im Sommer

No-Go: heiße Temperaturen

Wasserbedarf: mittel

Standort: halbschattig bis schattig

Krankheiten/Besucher: Echter Mehltau

Topfgröße: mindestens 15 cm

Nährstoffbedarf: Mittelzehrer

Wahrscheinlich wird kein Kraut gleichermaßen so geliebt und verschmäht: Koriander. Manche mögen die Pflanze nicht, weil sie nach Seife schmeckt. Grund dafür könnte ein bestimmter Geruchsrezeptor sein, den diese Menschen besitzen. Finde heraus, ob du auch dazugehörst – denn falls nicht, solltest du dir die frischen Blätter in deinen Gerichten auf keinen Fall entgehen lassen.

Hier ist es mal umgekehrt: Gekauften Koriander am Leben zu halten, ist gar nicht so einfach. Viel besser klappt es mit der eigenen Aussaat. Und die ist zum Glück total unkompliziert. Koriandersamen sind Dunkelkeimer und lassen sich gerne 2 bis 3 Wochen Zeit, bis sie sich aus der Erde schieben. Danach wächst das Kraut aber so schnell, dass du schon 2 Wochen später mit der Ernte beginnen kannst. Ernte jeweils über einem neuen Blattpaar, sodass die Pflanze immer wieder austreibt.

Auf einem hellen Fensterbrett wächst Koriander besonders gerne, allerdings wird es ihm im Sommer schnell zu warm. Bei Hitze oder viel direkter Sonneneinstrahlung kann es passieren, dass er schnell in die Blüte geht. Die Ernte des Blattgrüns fällt dann eher mau aus. Ein Tipp: Schneide die Blütenansätze ab, damit du möglichst lange ernten kannst.

Da Koriander auch mit den Lichtverhältnissen eines halbschattigen oder sogar schattigen Standorts klarkommt, ist dieser aufgrund der Temperaturen die bessere Wahl. Sowohl was das Gießen angeht als auch in Bezug auf die Nährstoffe hat Koriander einen mäßigen Bedarf.

Dill

Aussaat: April bis Juni

Ernte: durchgehend im Sommer ab Juli

No-Go: Karotte als Beetnachbarin

Wasserbedarf: gering

Standort: halbschattig

Krankheiten/Besucher: Echter Mehltau

Topfgröße: mindestens 20 cm

Nährstoffbedarf: Mittelzehrer

Sommer, Sonne, Gurkensalat mit Dill – was sonst? Dill schmeckt frisch am besten und ist deshalb auch häufig als Kraut nicht im Supermarkt vertreten. Neben dem aromatischen Geschmack ein Grund mehr, Dill auf dem Fensterbrett anzupflanzen.

Säe die Samen im späten Frühjahr direkt breitwürfig in ihr späteres Gefäß. Sie gehören zu den Lichtkeimern und müssen deshalb nur angedrückt und ganz leicht mit Erde bedeckt werden. Nach ungefähr 2 Wochen keimen die ersten Pflänzchen. Wenn du gerne viele junge Pflanzen mit zarten Blättern ernten willst, klappt das auch in einem flacheren Gefäß. Säe die Samen dann mehrmals zeitlich versetzt, damit du regelmäßig Nachschub hast. Möchtest du allerdings auch die Blüten ernten, dann sollte das Gefäß mindestens 20 cm tief sein und die einzelnen Pflanzen sollten ausreichend Platz zum Wachsen haben. Achte daher auf einen Abstand von ca. 5 cm und dünne zu eng gesäte Pflanzen aus, indem du die Schwächsten von ihnen herausziehst.

„Hell, aber nicht zu warm" ist hier das Motto. Obwohl sich Dill auf einem hellen Fensterbrett wohlfühlt, wird es ihm dort schnell zu heiß. Eine frühe Blüte und wenige der leckeren Blätter sind die Konsequenz. Daher eignet sich ein halbschattiger Standort am besten. Dill möchte regelmäßig mit Wasser und einmal während der Wachstumszeit mit Nährstoffen versorgt werden. Dann beschenkt er dich mit schönen gelben Dolden. Die Blüten schmecken nicht nur uns, sondern begeistern auch Insekten, die zum Dank deinen Fensterbrettgarten fleißig bestäuben. Win-win!

Kälte? Kein Problem: Die winterharten Kräuter

Auch unter den Kräutern gibt es ein paar Hartgesottene, denen die Kälte nichts anhaben kann. Die folgenden Kandidaten können das ganze Jahr draußen verbringen.

Rosmarin

Vorzucht: März bis Juli

Ernte: durchgehend im Sommer, mehrjährig (winterhart)

No-Go: Staunässe

Wasserbedarf: gering

Standort: sonnig bis halbschattig

Krankheiten/Besucher: Echter Mehltau

Topfgröße: 15 cm

Nährstoffbedarf: Schwachzehrer

Urlaubsfeeling im Topf: Lass Rosmarin auf deinem Fensterbrett einziehen und seinen aromatischen Duft den Raum erfüllen, wenn du die Stängel erntest. Dieser Kandidat darf in der Küchenkräuter-Gang natürlich nicht fehlen.

Du kannst Rosmarin aussäen, allerdings dauert es allein 1 Monat, bis das Saatgut anfängt zu keimen. Rosmarin wächst eher langsam, sodass du dich bis zur ersten Ernte ziemlich gedulden musst. Zu eng gesäte Pflänzchen sollten pikiert werden. Wenn dir das mit der Anzucht zu lange dauert, kannst du Rosmarin auch als Jungpflanze oder Strauch kaufen.

Rosmarin braucht wenig Nährstoffe und kaum Wasser und ist somit ein super pflegeleichtes Exemplar – wenn da nicht die Vorliebe für einen warmen, windgeschützten Standort wäre. Härte die Pflanze nach dem letzten Frost im Frühjahr langsam ab, bevor sie auf deinem Fensterbrett Platz nimmt. Erfüllt dein Außenfensterbrett nicht die benötigten Anforderungen, lässt sich Rosmarin alternativ prima in der Wohnung halten. An einem Fenster mit mindestens 5 Sonnenstunden am Tag fühlt er sich wohl.

Geerntet werden frische, grüne Triebe. Dazu schneidest du einen halben oder ganzen Zweig mit einer Schere ab. An der Schnittstelle verzweigt sich der Rosmarin dann und treibt neu aus. Wie bei der Ernte gilt auch beim Rückschnitt: Kürze nur die grünen Triebe. Da Rosmarin nicht aus dem alten Holz austreibt, darf die Pflanze nicht versehentlich verletzt werden. Ein Pflegeschnitt empfiehlt sich alle 2 Jahre. So behält der Rosmarin seine Form und zu dicht stehende Trieben klauen sich nicht gegenseitig das Licht.

Den Winter in unseren Breitengraden verträgt der Rosmarin meist ohne Schutz. Je nach Sorte kommt er mit Temperaturen um den Gefrierpunkt gut klar. Schütze die Pflanze bei angekündigtem Frost mit einem Vlies. Hast du eine Rosmarinpflanze, die Frost gar nicht leiden kann, solltest du sie rechtzeitig ins Haus holen und dort überwintern. Pass auf, dass die Pflanze keinen Wärmeschock bekommt, wenn sie plötzlich in der warmen Wohnung steht. Idealerweise zieht sie deshalb schon einige Tage vor dem ersten Frost um, damit sie sich besser akklimatisieren kann.

Schnittlauch

Vorzucht: März bis April

Ernte: durchgehend im Sommer, mehrjährig (winterhart)

No-Go: zu eng gesät

Wasserbedarf: mittel

Standort: sonnig, halbschattig

Krankheiten/Besucher: Wurzelfäule durch Staunässe

Topfgröße: 15 cm

Nährstoffbedarf: Mittelzehrer

Der Schnittlauch ist eine ziemlich unkomplizierte Pflanze, deren Blüten auch essbar sind. Nach der Blüte kannst du den Rückschnitt erledigen, indem du die Halme 2 bis 3 cm über dem Boden abschneidest. Achte bei der Aussaat darauf, dass du den Schnittlauch nicht zu eng aussäst. Die Samen bedeckst du anschließend mit Erde und lässt sie bei kühlen Temperaturen keimen. Gekaufte Pflanzen müssen unbedingt aufgeteilt werden (siehe Seite 87). Schnittlauch ist anfällig für Staunässe und sollte daher nicht übergossen werden.

Salbei

Vorzucht: März bis Juli

Ernte: durchgehend im Sommer, mehrjährig (winterhart)

No-Go: Staunässe

Wasserbedarf: gering

Standort: sonnig bis halbschattig

Krankheiten/Besucher: Echter Mehltau

Topfgröße: 15 cm

Nährstoffbedarf: Schwachzehrer

Salbei ist ähnlich pflegeleicht wie Rosmarin. Die mediterrane Pflanze braucht ebenfalls nur wenig Wasser und nährstoffarme Erde. Düngen brauchst du sie maximal alle 6 Monate. Nach spätestens 2 Jahren freut sie sich über einen größeren Topf.

Schneide den Salbei im März nach dem letzten Frost zurück. Kürze dabei nur die alten, biegsamen Triebe mit den vertrockneten Blättern, aber schneide auf keinen Fall ins Holz. Sonst treibt die Pflanze eventuell nicht wieder aus.

Petersilie

Vorzucht: März bis Mai

Ernte: durchgehend im Sommer, mehrjährig (winterhart)

No-Go: Sonnenbrand

Wasserbedarf: mittel bis hoch

Standort: sonnig, halbschattig

Krankheiten/Besucher: Trauermücken

Topfgröße: 15 cm

Nährstoffbedarf: Mittelzehrer

Im Vergleich zu den anderen Kräutern hat die Petersilie einen hohen Wasserbedarf. Die Aussaat dauert mit 3 bis 4 Wochen bis zur Keimung zwar ziemlich lange, ansonsten ist es aber eine robuste und pflegeleichte Pflanze, die eigentlich zu allem passt. Pass auf, dass du die Samen bei der Aussaat mit Erde bedeckst. Petersilie gehört zu den Dunkelkeimern. Du kannst sie alle 2 Monate mit etwas Dünger unterstützen.

Zurückschneiden musst du Petersilie übrigens nicht. Es reicht, wenn du statt einzelner Blätter immer ganze Triebe knapp über einem Blattpaar erntest, damit die Pflanze nachwachsen kann.

Vorzucht: März bis Mai

Ernte: durchgehend von Frühling bis Herbst, mehrjährig (winterhart)

No-Go: Staunässe

Wasserbedarf: gering

Standort: sonnig bis halbschattig

Krankheiten/Besucher: Wurzelfäule

Topfgröße: 15 cm

Nährstoffbedarf: Schwachzehrer

Wenig Wasser, wenig Nährstoffe, wenig Platzbedarf – hach, wenn es doch nur immer so einfach wäre. Thymian kann im Frühjahr vorgezogen oder im April und Mai direkt gesät werden. Bedecke die Samen nur leicht mit Erde. Am wohlsten fühlt er sich an einem sonnigen und warmen Standort. Wenn du ihm eine Freude machen willst, setzt du ihn in einen atmungsaktiven Tontopf. Als Tee hilft Thymian gegen Husten. Besonders lang bleibt dir deine Pflanze erhalten, wenn du sie im Frühjahr vor der Blüte mit einer scharfen Schere um etwa ⅔ kürzt.

Vermehrung über Stecklinge

Als „Steckling" wird ein Teil einer Pflanze bezeichnet, den du verwenden kannst, um die Pflanze zu vermehren. Normalerweise handelt es sich um einen Trieb oder Stängel, den du von einer gesunden Mutterpflanze abschneidest. Besonders Kräuter, z. B. Minze, Basilikum und Rosmarin, lassen sich so ganz einfach duplizieren. Das klappt aber natürlich auch mit vielen anderen Pflanzen.

Der Steckling sollte ungefähr 10 bis 15 cm lang sein und mindestens 3 oder 4 Blätter besitzen. Trenne ihn mit einem geraden Schnitt ab und setze ihn in ein Wasserglas oder in feuchte Erde. Entferne vorher die untersten Blätter am Steckling, damit sie nicht faulen und du ein Stück nackten Trieb hast, aus dem neue Wurzeln wachsen können.

Nimmst du Stecklinge von blühenden Kräutern, solltest du die Triebspitze entfernen, damit die Pflanze ihre Energie in das Wurzelwachstum steckt.

Stelle das Wasserglas an einen Ort mit ausreichend Licht, aber vermeide direkte Sonneneinstrahlung. Ansonsten kann es passieren, dass dein Steckling Sonnenbrand bekommt. Wechsle das Wasser spätestens alle 2 Tage, damit es frisch bleibt und sich keine Bakterien breit machen. Jetzt heißt es: abwarten. Nach 2 bis 3 Wochen sollten sich Wurzeln am Steckling bilden. Sobald der Steckling ein paar längere Wurzeln hat, kannst du ihn in einen separaten Topf mit Erde umtopfen. Pflege ihn zu Beginn wie eine Jungpflanze und gib ihm regelmäßig Wasser – und schon hast du eine zweite Pflanze, mit der du deine Pflanzensammlung erweitern oder die du verschenken oder tauschen kannst.

Flower-Power: Essbare Blüten

Blüten am Fenster sind nicht nur schön anzusehen, sondern teilweise auch für uns eine richtige Delikatesse. Für deinen Fensterbrettgarten eignen sich deshalb besonders einjährige, essbare Sommerblumen, mit denen du in deinen Salaten und auf Broten für einen richtigen Hingucker sorgst. Getrocknet machen sie auch im Tee, Kräutersalz oder Dessert eine gute Figur.

Außerdem eignen sich viele essbare Blüten auch für eine perfekte Mischkultur im Beet. Ihr Geruch hält zum Beispiel ungebetene Gäste davon ab, sich an deinem Gemüse zu schaffen zu machen. Und nicht zuletzt stellen Nektar und Pollen der Blüten ein super Nahrungsangebot für Wildbienen, Hummeln, Schwebfliegen und weitere Insekten dar. Aus diesem Grund solltest du nie alle Blüten auf einmal ernten.

Neben essbaren Zierpflanzen blühen auch deine Kräuter im Balkonkasten hin und wieder. Die Blüten von Basilikum, Minze, Salbei und Schnittlauch etc. sind ebenfalls essbar.

How to: Blüten trocknen

Am besten eignen sich frische (morgens gepflückte), unbeschädigte Blüten. Entferne behutsam die Blütenblätter und wasche sie vorsichtig mit kaltem Wasser ab, um kleine Tiere oder Schmutz zu entfernen. Anschließend kannst du die Blütenblätter mit einem Küchenpapier etwas trocken tupfen. Zum Trocknen werden die einzelnen Blütenblätter auf einem Küchenpapier ausgebreitet und z. B. auf einem Tablett an einen warmen, gut belüfteten Ort gestellt, der vor direkter Sonneneinstrahlung geschützt ist. Achte darauf, dass die Blätter nicht übereinander liegen, und wende sie alle 2 Tage vorsichtig. Nach ca. 1 Woche sind die Blüten getrocknet und können nun verwendet werden. Lagere sie in einem geschlossenen Gefäß, sodass sie vor Feuchtigkeit geschützt sind.

Kapuzinerkresse

Vorzucht: März bis Mai

Ernte: Juni bis September

No-Go: höchstens zu schwungvolle Düngergaben

Wasserbedarf: mittel

Standort: sonnig, halbschattig

Krankheiten/Besucher: Blattläuse

Topfgröße: 15 cm (1 Pflanze)

Nährstoffbedarf: Mittelzehrer

Gestatten: Die perfekte Pflanze für alle, die ihrem Salat etwas Farbe verleihen und ihn zum Hingucker am Esstisch machen möchten.

Diese würzige Pflanze wird über Samen vermehrt. Da die Samen recht groß sind, kannst du sie einzeln säen und sparst dir so das Pikieren. Alternativ kannst du Kapuzinerkresse auch direkt in den Topf säen, sobald der letzte Frost im Frühjahr vorbei ist. Je nachdem, ob du sie in einer Hängeampel oder einen Balkonkasten setzen möchtest, kannst du zwischen stehenden und rankenden Pflanzen wählen. Manche wachsen buschig, andere hängen gerne eine Runde ab. Oder du bindest sie am Fensterrahmen nach oben. Alles ist möglich!

Kapuzinerkresse hat einen kräftigen Wuchs und ist äußerst pflegeleicht. Sie kommt mit vielen Standorten und Lichtverhältnissen gut zurecht. Wenn es aber nach ihr ginge, würde sie sich einen warmen und sonnigen Platz aussuchen. Da die Pflanze auch kurze Trockenheit überstehen kann, reicht es, wenn du sie je nach Sonneneinstrahlung alle 3 bis 4 Tage gießt.

Einmal im Monat kannst du die Kapuzinerkresse mit Nährstoffen füttern. Pass aber auf, dass du es nicht übertreibst, ansonsten bildet die Pflanze viele Blätter aus, aber kaum Blüten. Und die sind das eigentliche Highlight der Kapuzinerkresse, denn sie strahlen je nach Sorte in vielen verschiedenen Farben und locken damit wichtige Insekten für deinen Fensterbrettgarten an.

Kapuzinerkresse wird im Sommer gerne von Blattläusen belagert. Statt hier in Panik zu verfallen, kannst du die Pflanze einfach machen lassen. Sie ist ziemlich robust und kann mit den kleinen Saugern gut umgehen. Sie lenkt außerdem von den empfindlicheren Pflanzen auf deinem Fensterbrett ab. Setze die Kapuzinerkresse deshalb als Opferpflanze in den Balkonkasten. Ernten kannst du blattlausfreie Triebe trotzdem.

Dass die Blüten zum Anbeißen aussehen, hat seinen Grund: Sowohl die Blätter als auch die Blüten sind essbar und schmecken leicht würzig nach Senf und Pfeffer. Sie passen super zu Salaten oder lassen sich als Topping verwenden. Schneide oder brich die Triebe am besten ab, damit die Pflanze gut verzweigt.

Im Spätsommer verblüht die Kapuzinerkresse dann und produziert neues Saatgut. Da die Pflanze einjährig ist, brauchst du sie nicht überwintern. Stattdessen geht es im nächsten Frühjahr in eine neue Runde.

Ringelblume

Vorzucht: März bis April

Ernte: blüht ab Juli

No-Go: Staunässe

Wasserbedarf: mittel

Standort: sonnig, halbschattig

Krankheiten/Besucher: Blattläuse

Topfgröße: 15 cm (2 Pflanzen)

Nährstoffbedarf: Mittelzehrer

Gutaussehend, nützlich und essbar: Ringelblumen. Und die Anzucht ist auch noch easy. Du kannst sie in der Wohnung ab März vorziehen oder ab April draußen in den Topf oder Balkonkasten säen. Da es sich bei ihr um einen Lichtkeimer handelt, brauchst du die Samen nicht mit Erde zu bedecken, sondern nur etwas andrücken. Die Blume keimt auch schon bei niedrigeren Temperaturen um die 12 °C innerhalb von 2 Wochen.

Die Erde, in der die Ringelblumen heranwachsen, sollte allerdings zu Beginn nicht zu nährstoffreich sein. Ansonsten kann es passieren, dass die Pflanzen zu viel Blattgrün ausbilden, sich nicht mehr halten können und umkippen. Auch die Blütenbildung kann dadurch stark verzögert werden oder sogar aussetzen.

Ringelblumen sind kräftige Blumen, die nach einer zu dichten Aussaat vereinzelt werden sollten. Die ersten Blüten zeigen sich dann meist ab Anfang Juli. Wenn du die Blütezeit verlängern willst, kannst du bis Juni weitere Runden aussäen und die abgeblühten Pflanzen aus dem Topf nehmen – natürlich nicht, ohne vorher Saatgut zu sammeln. Diese Blumen sind außerdem ziemliche Socializer – zusammen mit Tomate, Paprika und Kohlrabi sind sie ideale Mischkultur-Buddies.

Spa-Anwendung für deine Haut:
Rezept für Ringelblumen-Salbe

Sag Ciao zu trockener Haut – denn hier kommt ein Rezept für Ringelblumen-Salbe direkt vom Fensterbrett. Du brauchst nur die Blütenblätter, ein bisschen Oliven- oder Sonnenblumenöl und etwas Bienenwachs.

Zutaten für einen 50-ml-Salbentiegel:

* 2 EL Ringelblumen-Blütenblätter
* 50 ml Olivenöl (oder anderes pflanzliches Öl)
* 5 g Bienenwachs naturbelassen
* Tuch
* Optional: ätherisches Öl (z. B. Lavendel oder Orange)

Sammle Ringelblumenblüten und trockne sie (Tipps dazu findest du auf Seite 88). Fülle die getrockneten Blüten anschließend in ein kleines Schraubglas und übergieße sie mit pflanzlichem Öl, bis sie vollständig bedeckt sind. Das verschlossene Glas kannst du jetzt auf ein helles Fensterbrett stellen und ziehen lassen. Tägliches Schütteln hilft dabei, dass sich Blüten und Öl gut vermischen.

Je mehr Blütenblätter du erntest, desto mehr Salbe kannst du herstellen. Es klappt alternativ genauso schon mit den kleinen Mengen, die dein Fensterbrettgarten hergibt. Aber: Je mehr Blüten du verwendest, desto mehr Öl musst du nehmen.

Nach 3 bis 4 Wochen kannst du den Ölauszug durch ein Geschirrtuch abseihen und in einem kleinen Topf auf niedriger Stufe erwärmen. Nun gibst du das Bienenwachs hinzu und rührst es so lange, bis es vollständig geschmolzen ist. Wenn du möchtest, kannst du jetzt noch einen Tropfen ätherisches Öl hinzugeben.

Gieße die flüssige Salbenmischung anschließend in einen kleinen Tiegel. Wenn die Salbe ausgekühlt und fest ist, mit einem Deckel verschließen. Du kannst sie dann auf Hautirritationen oder trockenen Stellen anwenden, um die Haut zu beruhigen. Bewahre die selbstgemachte Salbe an einem kühlen, trockenen Ort auf.

Kornblume

Vorzucht: März bis April

Ernte: Juni bis August

No-Go: Schatten

Wasserbedarf: mittel

Standort: sonnig, halbschattig

Krankheiten/Besucher: Blattläuse und Echter Mehltau

Topfgröße: 15 cm (2, 3 Pflanzen)

Nährstoffbedarf: Mittelzehrer

Born for Kornblumen: Diese Blumen bringen selbst Blumenmuffel zum Staunen. So ein Blau hat deine Nachbarschaft noch nicht gesehen. Die wunderschöne, intensive blaue Farbe der Kornblumenblüten macht sich richtig gut als Dekoration in Salaten, Desserts und Drinks. Alternativ gibt es auch rosa und lilafarbene Sorten.

Ab März kannst du die Aussaat beginnen. Kornblumen keimen besser, wenn du sie vorher ein paar Tage im Kühlschrank stratifizierst (wie das geht, erfährst du auf auf der nächsten Seite). Da die Samen Lichtkeimer sind, wollen sie nach der Aussaat nicht mit Erde bedeckt werden. Nach ungefähr 2 Wochen fangen die Blumen an zu keimen. Ab Mitte April können die Jungpflanzen dann nach draußen gesetzt werden.

Du brauchst die Pflanzen während ihres Wachstums nicht zu düngen. Es reicht vollkommen, wenn du sie in nährstoffreiche Erde setzt. Am besten lässt du zwischen ihnen ungefähr 15 cm Abstand, damit die Pflanzen ausreichend belüftet sind. Vermeide übermäßiges Gießen, um Mehltau vorzubeugen.

Kornblumen fühlen sich an warmen und vollsonnigen Plätzen am wohlsten. Wenn es dir möglich ist, suche ihnen einen Standort, der vor Wind und Regen geschützt ist. Je nach Sonneneinstrahlung blühen die ersten Blüten ab Ende Juni.

Lavendel

Vorzucht: März bis Mai

Ernte: ab der Blüte im Juli bis Oktober, mehrjährig (winterhart)

No-Go: Staunässe

Wasserbedarf: gering

Standort: sonnig bis halbschattig

Krankheiten/Besucher: Wurzelfäule

Topfgröße: 15 cm

Nährstoffbedarf: Schwachzehrer

Sortenempfehlung: ‚Peter Pan'

Lust auf eine Challenge? Dann solltest du dich an die Anzucht von Lavendel wagen. Dafür brauchst du vor allem eins: massig Geduld. Denn Lavendelsamen haben eine natürliche Keimhemmung. Das bedeutet, dass die Keimung der Samen auf natürliche Weise verlangsamt oder pausiert wird, bis die Wachstumsbedingungen für die jeweilige Pflanzenart wieder passend sind.

Keimhemmung unterbrechen, oder auch: Stratifizieren

Normalerweise werden Lavendelsamen im Spätsommer und Herbst von der Pflanze produziert. Damit die kleinen Jungpflanzen im Winter nicht erfrieren, sind die Samen mit einer Keimhemmung ausgestattet, die dafür sorgt, dass die Lavendelsamen erst im Frühjahr keimen. Um die Samen also auszutricksen, braucht es eine künstliche Kälteperiode. Bei der sogenannten Stratifizierung werden die Samen in einem Beutel auf etwas angefeuchteten Sand gestreut und in den Kühlschrank gelegt. Nach 2 Wochen kannst du das Samen-Sand-Gemisch einfach auf Anzuchterde streuen. Nach 2 bis 4 Wochen startet dann die Keimung.

Sobald du kleine Jungpflanzen entdeckst, kannst du sie bei Bedarf pikieren. Ansonsten werden sie nach dem letzten Frost langsam an die Temperaturen draußen gewöhnt und schließlich an einen sonnigen Standort gestellt. Statt die Pflanzen anzuziehen, kannst du auch schon einen buschigen Stock in der Gärtnerei kaufen und ab Mai in einen Topf oder Balkonkasten setzen.

Lavendel kommt ursprünglich aus dem Mittelmeerraum und schätzt daher einen trockenen Boden. Er mag weder ausgiebig gegossen noch gedüngt werden. Da Lavendel mehrjährig ist, solltest du ihn nach jeder Blüte zurückschneiden. Nach der ersten Blüte im Jahr folgt dann eine zweite. Anschließend treibt die Pflanze im nächsten Frühjahr neu aus und wächst buschig und kompakt.

Übrigens: Lavendel eignet sich nicht nur für Kräuterkissen, als Tee oder zum Aromatisieren von Eis und Kuchen, sondern sorgt mit seinem Duft auch für eine natürliche Blattlaus-Abwehr.

Der Herbst neigt sich dem Ende zu, auch die letzte Tomate ist abgeerntet und die mehrjährigen Pflanzen stehen im Winterquartier. Beim Blick aus dem Fenster wirkt das Fensterbrett im Vergleich zum Sommer trist und grau. Natürlich kannst du es dir über die Wintermonate auf der Couch gemütlich machen und dich auf das nächste Frühjahr freuen – oder aber du überspringst den Winterschlaf und gärtnerst zwischen Schnee und Frost fröhlich weiter.

Damit du dich auch im Winter mit frischen Vitaminen versorgen kannst, solltest du schon im Sommer beginnen, die Pflanzen vorzuziehen. Alternativ kannst du Wintergemüse-Jungpflanzen einfach einkaufen.

Das bietet sich vor allem an, wenn du nur ein sehr schmales Fensterbrett zur Verfügung hast, das im Sommer belegt ist.

Je nach Fensterbrettausrichtung kann es sein, dass Töpfe und Balkonkästen schneller durchfrieren als es in einem großen Beet im Garten der Fall wäre. Besonders bei schattigen Fensterbrettern und windigen Standorten brauchst du deshalb unbedingt einen Kälteschutz (mehr dazu auf Seite 41).

Ab in die nächste Runde: Alte Erde aufbereiten

Ein Vegetationszyklus ist um und die nächste Jungpflanze wartet schon ungeduldig auf ihren Auszug. Da kommt früher oder später die Frage auf, ob du einfach dieselbe Erde weiterbenutzen kannst oder für jeden neuen Zyklus auch neue Erde kaufen musst.

Je nachdem wie stark deine Pflanze die Erde im Topf oder Balkonkasten, in dem sie gewachsen ist, durchwurzelt hat, kannst du die verwendete Erde einfach erneut nutzen. Das klappt zum Beispiel bei vielen Schwach- und Mittelzehrern. Nach der Ernte kannst du die Pflanzen relativ einfach aus der Erde ziehen, lose Wurzeln raussammeln und den Topf neu bepflanzen. Die wenigen verlorenen Nährstoffe werden über die Zeit einfach wieder durch Düngergaben aufgefüllt, z. B. mit einem Langzeitdünger beim Einpflanzen. Easy!

Anders ist es jedoch bei Starkzehrern. Sie sorgen nicht nur dafür, dass die Erde im Topf mit der Zeit absinkt, sondern bilden auch so dichte Wurzeln aus, dass du oft die Pflanze samt Wurzelballen im Ganzen aus dem Gefäß heben kannst. Um die Erde von den Wurzeln zu befreien, kannst du den

Wurzelballen mit beiden Händen aufbrechen und dann kräftig über einem Topf ausklopfen. Vergiss nicht, dir etwas unterzulegen, damit die Erdkrümel nicht versehentlich in der ganzen Wohnung verteilt werden. Sammle im Anschluss die abgerissenen Wurzeln heraus.

Da die übrige Erde viele Nährstoffe verloren hat, solltest du sie vor der nächsten Verwendung aufbereiten. Das klappt zum Beispiel mit Abfällen aus der Küche, die du klein schneidest und unten in den Topf füllst. Die Gemüsereste zersetzen sich mit der Zeit und geben die Nährstoffe dann wieder an die Erde ab. Alternativ kannst du auch frischen Kompost verwenden, den du in gleichen Anteilen mit der alten Erde vermischst. Der Rest des Topfes wird dann mit frischer Erde aufgefüllt.

Um das Bodenleben zu verbessern, kannst du zusätzlich noch Mikroorganismen ausbringen, die du ins Gießwasser gibst. Du findest solche sogenannten Bodenaktivatoren im Baumarkt, in der Gärtnerei deines Vertrauens oder online.

Feldsalat

Vorzucht: ab Ende August bis Oktober

Ernte: ungefähr 2 Monate nach der Aussaat (winterhart)

No-Go: gefroren ernten

Wasserbedarf: mittel

Standort: sonnig, halbschattig, schattig

Krankheiten/Besucher: im Winter keine, Echter Mehltau und Blattläuse im Sommer

Topfgröße: mindestens 10 cm tief

Nährstoffbedarf: Schwachzehrer

Sortenempfehlung: ‚Holländischer Breitblättriger‘, ‚Accent‘

Keine Lust auf tristes Grau auf deinem Winter-Fensterbrett? Verständlich. Hier kommt ein grüner Farbtupfer für dich. Feldsalat ist nicht nur eine richtige Vitaminbombe, sondern auch noch ziemlich pflegeleicht. Die Anzucht kann direkt im Gefäß erfolgen.

Feldsalat wächst gerne in Balkonkästen, kommt aber auch in flachen Töpfen super zurecht, da er nicht besonders tief wurzelt. Säe die Samen gleichmäßig in Reihen im Abstand von 10 cm aus und drücke sie ein wenig in die Erde, damit sie beim vorsichtigen Angießen nicht davonschwimmen. Während des Wachstums muss Feldsalat nur moderat gegossen werden. Durch den niedrigen Nährstoffanspruch der Pflanze brauchst du dir um das Düngen keine Gedanken zu machen.

Trotz der kühleren Temperaturen wächst Feldsalat schnell und kann deshalb bereits 2 Monate nach der Aussaat geerntet werden, sobald sich die Blätter der einzelnen Pflänzchen berühren. Zupfe hierzu immer nur die äußeren Blätter ab, um die Ernte zu verlängern. Der beste Zeitpunkt für die Feldsalaternte ist die Mittagszeit, wenn die Blätter von der Sonne aufgetaut wurden. Gefrorene Blätter werden nach der Ernte matschig und verlieren ihren köstlichen, nussigen Geschmack.

Winterharte Sorten haben mit Temperaturen um den Gefrierpunkt kein Problem. Ist allerdings starker Frost angekündigt, solltest du den Feldsalat mit einem Vlies schützen. Ihn im gefrorenen Zustand zu ernten, ist keine gute Idee, da das Blattgewebe bei Berührungen kaputt geht. Gut zu wissen: Feldsalat kann auch im Frühjahr angebaut werden. Die Aussaat startet dann Anfang März, sodass die Pflanzen abgeerntet sind, bevor es ihnen im Hochsommer zu warm wird.

Grünkohl

Vorzucht: Juni bis Anfang Juli

Ernte: nach ca. 5 Monaten, ab Dezember nach dem ersten Frost

No-Go: frostfreie Winter

Wasserbedarf: mittel

Standort: sonnig, halbschattig, schattig

Krankheiten/Besucher: Blattläuse

Topfgröße: mindestens 22 cm, 2 Pflanzen im Balkonkasten

Nährstoffbedarf: Starkzehrer

Sortenempfehlung: ‚Vitessa‘ (frosthart)

Diese Pflanze sorgt auch im tiefsten Winter für ein bisschen Sommerurlaub-Feeling. Schließlich sehen ausgewachsene Grünkohlpflanzen wie kleine Palmen aus und sind mit ihren krausen Blättern und dem satten Grün in der dunklen Jahreszeit richtig schön anzusehen.

Grünkohl zählt nicht nur zu den nährstoffreichsten Blattgemüsearten, sondern ist auch pflegeleicht und ein richtiger Allrounder: Egal ob Sommer oder Winter, Schnee, Regen, Wind, Sonne – Grünkohl kommt mit ziemlich allen Anforderungen gut klar. Weil der Platz jedoch begrenzt ist, solltest du das Fensterbrett im Sommer lieber den frostempfindlichen Pflanzen überlassen und stattdessen erst im Winter auf Gemüsesorten wie Grünkohl ausweichen, die auch mit den kühleren Bedingungen auf deinem Outdoor-Fensterbrett zurechtkommen. Daraus ergibt sich nämlich noch ein weiterer Vorteil: Normalerweise machen sich gerne Blattläuse am Grünkohl zu schaffen. Die kleinen Sauger sind nur im Herbst nicht mehr aktiv, deshalb hast du bei einer späten Anzucht deine Ruhe vor den Blattläusen.

Achte deshalb unbedingt darauf, dass du das richtige Grünkohl-Saatgut für die Winterernte auswählst. Die Informationen zur Frostresistenz kannst du der Saatgutpackung entnehmen. Damit du im Winter startklar für die Ernte bist, beginnt die Anzucht bereits im Juni. Du musst sicherstellen, dass der Grünkohl in den letzten Sommermonaten und im Herbst ausreichend Zeit hat zu wachsen. Bist du zu spät dran, ist es selbst dem Grünkohl zu kalt, um weiter zu wachsen. Die Anzucht und Pflege von Grünkohl sind total unkompliziert. Deshalb könnte er theoretisch auch direkt in den Topf gesät werden. Um Platz zu sparen, bietet es sich allerdings an, dass du den Grünkohl in der Wohnung vorziehst und erst nach draußen setzt, wenn die ersten Pflanzen abgeerntet sind und wieder größere Töpfe frei werden.

Grünkohl gehört zu den Starkzehrern und möchte deshalb nach der Entwicklung des zweiten Blattpaares alle 2 bis 3 Wochen mit Düngergaben bedacht werden. Bevor er nach draußen kommt, musst du ihn tagsüber abhärten. Denn auch im Spätsommer oder Herbst müssen die Pflanzen erst langsam an die Bedingungen draußen gewöhnt werden.

Grundsätzlich kannst du Grünkohl ab November blattweise ernten, indem du die unteren, größeren Blätter nah am Stamm abschneidest. Die Pflanze wächst dann weiter und produziert oben fleißig neue Blätter nach. Bei Temperaturen unter 10 °C legt allerdings auch der Grünkohl einen Wachstumsstopp ein.

Tipp: Die Blätter werden süßer, sobald sie einmal Frost abbekommen haben. Hier nützt Schummeln nichts – eine Nacht im Gefrierfach hat leider nicht den gleichen Effekt.

Knabberei für deinen Fernsehabend: Grünkohlchips

Mal ehrlich: Mit der Grünkohlernte von deinem Fensterbrettgarten wirst du kein Grünkohlessen für Freund*innen veranstalten können. Dafür reicht die Menge an Blättern, die du von einer Pflanze ernten kannst, leider nicht aus. Du kannst die Blätter natürlich auch im Salat oder Smoothie verwenden. Oder wie wäre es mit einer leckeren Vorspeise oder einem Snack für zwischendurch?

Zutaten für 1 Portion Grünkohlchips:

* 150 g Grünkohlblätter
* 2 EL Olivenöl
* Salz, Pfeffer, Kräuter (je nach Geschmack)

Zubereitung:

Die Grünkohlblätter gründlich abwaschen, den Stiel abschneiden und die Blätter in (mundgroße) Stücke schneiden oder reißen. In einer Schüssel kannst du dann nach Belieben Olivenöl untermischen und Gewürze hinzugeben (z. B. Salz, Pfeffer, Paprika- oder Knoblauchpulver), sodass die Blätter gut benetzt sind. Verteile sie gleichmäßig auf einem Backblech und schiebe das Ganze dann für ca. 15–20 Minuten bei 150 ºC Umluft in den Backofen. Pass auf, dass sie nicht aus Versehen verbrennen und öffne zwischendurch die Ofentür, damit der Dampf entweichen kann. Beim anschließenden Abkühlen werden die Chips richtig schön knusprig.

Pflanzzeit: Anfang Oktober bis Anfang November
Ernte: nach ca. 7 bis 8 Monaten, sobald das Laub verwelkt
No-Go: Kälteschutz vergessen
Wasserbedarf: mittel
Standort: sonnig, halbschattig
Krankheiten/Besucher: Staunässe
Topfgröße: 20 cm (2 Pflanzen), 6 pro Balkonkasten
Nährstoffbedarf: Schwachzehrer

Diese kleine Stinkbombe darf in deiner Küche nicht fehlen? Wie praktisch, dass du den Knoblauch jetzt direkt vom Fensterbrett in die Pfanne werfen kannst. Allerdings wird hier nichts ausgesät, sondern es werden Zehen gesteckt. Du kannst entweder Pflanzknoblauch kaufen oder Bio-Knoblauch aus dem Supermarkt verwenden. Hierbei ist allerdings zu beachten, dass der Knoblauch möglichst aus deiner Region kommt, da er ansonsten im kalten Winter nicht keimt, wenn er z. B. Bedingungen des Mittelmeerraums gewohnt ist.

Brich die Knollen vorsichtig auf und suche dir die größten Zehen heraus. Die Schale kannst du dran lassen. Damit die Zehe genug Wurzeln ausbilden kann, bevor die Erde friert, solltest du sie bereits ein paar Wochen vor dem ersten angekündigten Frost pflanzen. Am besten lockerst du die Erde vorher mit einer Gabel etwas auf. Bohre dann mit dem Pikierstab oder dem Finger etwa 5 cm tiefe Löcher in die Erde. Anschließend steckst du die einzelnen Zehen mit der Spitze nach oben hinein und schließt die Löcher wieder. Kurz angießen, fertig.

Bereits nach 2 bis 3 Wochen schieben sich die ersten grünen Spitzen aus der Erde. Obwohl Knoblauch zu den winterharten Pflanzen zählt, braucht er im Topf oder Balkonkasten im Winter auf jeden Fall einen Kälteschutz aus Laub oder Stroh, sobald es friert. Knoblauch mag es grundsätzlich nämlich gerne sonnig und warm. Da muss er im Herbst und Winter zwar ordentlich Abstriche machen, allerdings kannst du ihn beim Wachsen unterstützen, indem du den Kälteschutz an wärmeren Tagen wieder entfernst, sodass er dann die volle Wintersonne abbekommt.

Tipp: Knoblauch kann auch im Frühjahr (März/April) gesteckt werden und ist dann im Spätsommer bereit zur Ernte. Er passt als Mischkultur supergut zu Erdbeeren. Durch die längere Wachstumszeit im Herbst werden die Knollen allerdings meist größer.

Knoblauchpflanzen brauchen aufgrund des langsamen Wachstums wenig Wasser im Winter. Da Staunässe schnell zu fauligen Knollen führen kann, solltest du dich beim Gießen lieber etwas zurückhalten. Am besten gießt du (nach der Fingerprobe) an sonnigen Tagen, wenn die Erde schnell wieder abtrocknen kann. Zudem braucht der Topf unbedingt Abflusslöcher.

Dass Knoblauch ready für die Ernte ist, erkennst du daran, dass sich das Laub langsam von grün nach gelb verfärbt. Oft blitzt auch schon eine weiße Knolle aus der Erde hervor. Ziehe die Pflanze einfach dicht über der Erde mit einem Ruck heraus. Bevor der Knoblauch verarbeitet wird, solltest du ihn ein paar Tage an einem trockenen und gut belüfteten Ort aufhängen. Erst danach wird das Laub abgeschnitten.

Winterportulak

Vorzucht: September bis Ende Oktober

Ernte: nach ca. 6 bis 8 Wochen

No-Go: zu tief ernten

Wasserbedarf: mittel

Standort: sonnig, halbschattig, schattig

Krankheiten/Besucher: Echter Mehltau

Topfgröße: mindestens 10 cm tief

Nährstoffbedarf: Schwachzehrer

Ab September kannst du Winterportulak auf dem Fensterbrett vorziehen. Streue das Saatgut gleichmäßig auf eine Schicht Erde in einem Topf oder Balkonkasten, bedecke es mit Erde und drücke es leicht fest. Nach dem Angießen solltest du darauf achten, dass sich keine Staunässe bildet. Winterportulak ist anfällig für Echten Mehltau, der von einer feuchten Umgebung begünstigt wird.

Winterportulak ist äußerst anspruchslos und pflegeleicht: Du musst ihn nicht düngen, zudem kommt er auch im Schatten gut zurecht. Wenn starker Frost angekündigt wird, solltest du den Topf mit einem Vlies bedecken, um die Pflanze vor der Kälte zu schützen.

Die Ernte startet nach ungefähr 2 Monaten. Schneide die Blätter dazu etwa 2 bis 3 cm über dem Boden ab. Achte darauf, dass ein Teil des Stiels zurückbleibt.

Die Pflanze wächst dann weiter, sodass du sie mehrfach ernten kannst. Allerdings sollte Winterportulak nicht im gefrorenen Zustand geerntet werden. Tauen die Blätter in der Küche auf, haben sie ihren leicht würzigen Geschmack verloren und sind matschig. Am besten erntest du die Blätter deshalb dann, wenn die Temperaturen über dem Gefrierpunkt liegen und vor dem ersten Frost.

Tipp: Zu eng gesäte Pflanzen können ausgedünnt werden, indem du immer mal wieder doch direkt über der Erde erntest. Du musst sie nicht entsorgen, sondern kannst sie als Baby Leaves ernten.

Kapitel 4:

Husch, husch, nach drinnen:
Die besten Pflanzen für das Innen-Fensterbrett

Du hast kein passendes Außenfensterbrett? Dann heißt es nicht verzagen, sondern die richtigen Pflanzen für Innenräume finden. Dafür bieten sich einerseits solche an, die es ohnehin lieber etwas schattiger mögen, und andererseits natürlich solche, die es gerne etwas wärmer haben und auch gut mit Heizungsluft umgehen können.

Durch die unterschiedlichen Standortbedingungen, die sich ergeben, wenn du von draußen nach drinnen wechselst, ändert sich auch die Pflanzenpflege ein wenig. Damit Pflanzen wachsen können, braucht es das passende Zusammenspiel von Licht und Wärme.

Im Sommer ist es draußen warm und sehr hell, im Winter allerdings kühl und eher dunkel. Während draußen der Temperaturunterschied zwischen Tag und Nacht und auch zwischen den einzelnen Jahreszeiten also relativ groß ist, hast du in einer Wohnung durchgehend ziemlich konstante Temperaturen. Das führt dazu, dass die Pflanzen in der Wohnung wie in den Sommermonaten schnell wachsen und entsprechend ihrer warmen Umgebung auch viel Licht erwarten. Ist es ihnen zu dunkel, strecken sie sich verzweifelt dem Licht entgegen und vergeilen. Dabei werden die Pflanzenstiele lang, dünn und schwach und können sogar brechen. Auch die Blätter, die ausgebildet werden, sehen dann unterversorgt aus.

Achtung: Leider sind unsere Augen nicht die zuverlässigsten Messgeräte, wenn es um die Einschätzung von Helligkeit geht. Sie regulieren die unterschiedlichen Lichtverhältnisse so sehr, dass uns womöglich gar nicht auffällt, dass das Fensterbrett in der Wohnung im Vergleich zu draußen bloß die Hälfte des Lichtes erhält.

Wenn du feststellst, dass deine Pflanzen mehr Licht benötigen, kannst du sie höherstellen und so zum Beispiel den Schattenwurf des Fensterrahmens umgehen. Alternativ helfen Pflanzenlampen dabei, das fehlende Licht auszugleichen. Idealerweise findest du ein Fensterbrett in deiner Wohnung, das möglichst hell, aber trotzdem kühl (bis 22 °C) ist. Dann sind die Wachstumsbedingungen ziemlich ähnlich zu den natürlichen Bedingungen draußen und passen perfekt zusammen.

Außerdem wirst du feststellen, dass die Pflanzen in den Innenräumen weniger Wasser benötigen als draußen. Das liegt daran, dass zum einen die Sonneneinstrahlung geringer ist und somit weniger Wasser verdunstet. Zum anderen fehlt der Wind in der Wohnung, der die obere Erdschicht zusätzlich austrocknet. Und du musst die Pflanzen natürlich nicht abhärten, da sie bereits an das Raumklima gewöhnt sind. Es hat also auch Vorteile, sich einen Indoor-Garten anzulegen.

Um die Pflanzen bei ihrem Wurzelwachstum zu unterstützen, kannst du sie regelmäßig sanft streicheln, indem du mit der Handfläche vorsichtig über die Pflanzen wischst. Das sorgt dafür, dass die Pflanzen einen stärkeren Halt in ihren Töpfen entwickeln. Draußen übernimmt der Wind diese Aufgabe.

Was fliegt denn hier? Trauermücken zu Besuch

Nicht nur während der Anzucht wirst du wahrscheinlich ihre Bekanntschaft machen, sondern auch beim Indoor-Gärtnern lassen sie sich gerne blicken: Die Rede ist von Trauermücken. Die winzigen Fliegen sind ähnlich groß wie Fruchtfliegen und lieben feuchte Erde. Die gibt's während der Anzucht durchgehend, aber auch in Töpfen im Innenraum, weil sich dort die Feuchtigkeit oft länger hält als im Freien.

Der Name ist ein bisschen verwirrend, denn Trauermücken sind keine Mücken. Sie können nicht stechen und sind deshalb für uns Menschen harmlos. Was allerdings nicht heißt, dass man sie nicht beachten muss. Im Gegenteil: Während erwachsene Trauermücken einfach nur ein bisschen nervig sind, weil sie durch die Wohnung fliegen und einem vor der Nase herumtanzen, richten ihre Larven in der Erde mitunter große Schäden an. Sie ernähren sich von Wurzeln und knabbern die Pflanze deshalb am liebsten so lange an, bis diese nicht mehr weiterwachsen kann. Bei ganz genauem Hinsehen kann man manchmal die winzigen, durchsichtigen Larven auf der Erde sogar erkennen.

Manchmal trägt man sich die kleinen Besucher selbst ins Haus. Zum Beispiel, wenn die Pflanzen beim Kauf schon befallen sind. Schau dir die Pflanzen deshalb gut an und puste die Erde ein paar Mal an. Steigen kleine Fliegen auf, landet diese Pflanze besser nicht in deinem Einkaufwagen.

Es kann außerdem sein, dass deine frisch gekaufte Erde (insbesondere die günstige aus dem Supermarkt) schon Trauermückeneier oder -larven enthält. Eine Möglichkeit wäre deshalb, sie kurz im Backofen abzubacken, um sie zu sterilisieren, bevor du sie in deiner Wohnung verwendest. Dazu einfach eine ca. 5 cm hohe Erdschicht auf einem tiefen Backblech gleichmäßig verteilen und leicht anfeuchten. Dann bei 200 °C Ober-/Unterhitze für 20 Minuten backen und gut abkühlen lassen.

Um Trauermücken vorzubeugen, solltest du die Pflanzen nicht überwässern und sicherstellen, dass überschüssiges Wasser gut abfließen kann. Lass die oberste Schicht des Bodens zwischen den Bewässerungen deshalb immer leicht antrocknen, damit sich die Mückenlarven gar nicht erst bei dir wohlfühlen.

Hast du Trauermücken an deinen Pflanzen entdeckt, helfen Gelbtafeln, um die erwachsenen Tiere abzufangen. Sie werden von den gelben Tafeln angelockt und bleiben dann an der Klebefläche hängen. Aber: Gelbtafeln sind nichts für dein Outdoor-Fensterbrett! Zu groß ist die Gefahr, dass auch andere Insekten an ihnen kleben bleiben und verenden. Die Larven der Trauermücken kannst du mit Nematoden behandeln. Das sind winzige, parasitäre Würmer, die man als Nützlinge beispielsweise in Onlineshops kaufen kann. Sie werden in einer Art Pulver geliefert, damit du sie ganz leicht ins Gießwasser mischen kannst.

Bienchen spielen: Hier geht's nicht ohne deine Hilfe

Du hast sie schon im Kapitel „Sonnenkinder" auf Seite 59 kennengelernt: Tomate, Paprika, Chili, Aubergine, Zucchino und Snackgurke. Diese wärmeliebenden Pflanzen freuen sich natürlich auch über die konstant warmen Temperaturen auf deinem Indoor-Fensterbrett. Und nur, weil du draußen für sie keinen Platz findest, heißt das nicht, dass du auf Cocktailtomaten und Minigurken verzichten musst. Das gleiche gilt übrigens auch für Melonenbirne, Erdbeere und Mini-Wassermelone oder Erbsen. Zucchini und Heidelbeeren hingegen sind im Vergleich zu den anderen Pflanzen größer und deshalb eigentlich nicht für den Anbau in einer Wohnung mit durchschnittlich großen Fensterbrettern geeignet.

Wie du ja jetzt schon weißt, bevorzugen alle hier genannten Pflanzen helle, sonnige Plätze. Besonders wohl fühlen sie sich deshalb auf Fensterbrettern, die nach Süden oder Westen ausgerichtet sind. Ob sich sonnige Ostfensterbretter auch noch eignen, wenn ausreichend Licht durch die Fenster fallen kann und nicht die nächste Hauswand große Schatten wirft, musst du testen, dazu habe ich leider keine Erfahrungswerte. Hast du kein helles Fensterbrett zur Verfügung, kommst du bei diesen Pflanzen um eine zusätzliche, künstliche Lichtquelle nicht herum.

Es gibt da nur ein Problem: In deiner Wohnung fehlen natürlich die Insekten, die dein Obst und Gemüse bestäuben und so erst für eine leckere Ernte sorgen. Wenn sich Biene, Hummel und Co. nicht blicken lassen, musst du eben selbst Hand anlegen. Das gilt übrigens auch für dein Außenfensterbrett. Wer auf Nummer sicher gehen will, schnappt sich am besten ein Wattestäbchen und legt los. Wie das geht, liest du im folgenden Infokasten.

Von Bienchen und Blümchen ... und ein bisschen Nachhilfe: Blüten bestäuben

Es gibt mehrere Möglichkeiten, um die Bestäubung der Blüten zu übernehmen. Da sie nicht alle zur gleichen Zeit blühen, wirst du den Vorgang regelmäßig wiederholen müssen. Das Bestäuben geht nur, wenn die Blüten geöffnet sind.

Gleichgeschlechtliche Pflanzenpaare können sich nicht gegenseitig befruchten. Zuerst gilt es deshalb zu unterscheiden, ob es sich um männliche oder weibliche Blüten handelt. Häufig blühen die männlichen Blüten zuerst, da ihre Pollen benötigt werden, um die weiblichen Blüten zu befruchten.

Es gibt einige Pflanzen wie Zucchini, Gurke oder Melonen, bei denen eindeutig zwischen den Geschlechtern der Blüte unterschieden werden kann.

Männliche Blüten: Die Stiele an den männlichen Blüten sind schlank und lang. Anders als bei den weiblichen Blüten gibt es keine Verdickung, die wie eine Minifrucht aussieht. Im Inneren der Blüte befindet sich ein langgestreckter Stempel, der den gelben Pollenstaub enthält.

Weibliche Blüten: Sie sind meist später dran als ihre männlichen Kollegen und haben einen kürzeren und dickeren Stiel. Bereits zu Beginn kann man einen kleinen Fruchtknoten entdecken, der sich später zur Frucht ausbildet. Innen in der Blüte gibt es einen kurzen Stempel mit einer klebrigen Narbe. Hier muss der Pollen landen, damit die Befruchtung klappt.

Wattestäbchen-Methode:

Nimm ein Wattestäbchen und halte es zuerst in eine männliche Blüte. Bewege das Watteköpfchen vorsichtig hin und her, sodass du genügend Pollen aufnimmst. Anschließend wiederholst du den Vorgang an einer weiblichen Blüte, sodass sich die Pollen dort gleichmäßig ablagern können. Paprika, Tomate, Chilis, Auberginen und Erdbeeren hingegen haben zwittrige Blüten. Bei diesen Pflanzen musst du nicht auf die unterschiedlichen Blüten achten, sondern nur dafür sorgen, dass sie ihre Pollen verbreiten. Das klappt wunderbar mit einem Pinsel oder einem Wattestäbchen. Bei Tomaten reicht es oft schon, wenn du die Blüten einfach nur schüttelst.

Schütteln und Klopfen:

Schüttle die Blüten leicht oder klopfe vorsichtig mit dem Finger von oben auf die Blütenköpfe, um den Pollen freizusetzen. Das klappt auch super mit einer elektrischen Zahnbürste, die sanft an die Blüten gehalten wird und die Pflanze so zum Vibrieren bringt.

Chill mal: Die mit dem langen Atem

Manche Pflanzen sind schon ein bisschen störrisch: Ohne viel Zuwendung und Geduld deinerseits haben sie so gar keinen Bock, fröhlich vor sich hin zu wachsen. Bei den folgenden Pflanzen darfst du dir also nicht von heute auf morgen Ernteerfolge erwarten – aber umso größer ist der Stolz, wenn es dann eben doch klappt. Pflanzen, die sogar mehrere Jahre lang in deiner Wohnung stehen, freuen sich zwar über die konstant warmen Temperaturen. Da sie allerdings keine Jahreszeiten gewohnt sind, macht ihnen besonders der Winter in deinen vier Wänden zu schaffen. Sie vertragen die kalte Zugluft auf dem Fensterbrett, das wenige Licht und die trockene Heizungsluft nicht so gut und sind dir dankbar, wenn du sie in den Wintermonaten ein bisschen mehr im Blick hast. Damit es den wärmeliebenden Pflanzen direkt an der Fensterscheibe nicht zu frisch wird, kannst du einen Kälteschutz aus Stoff oder Kork unter den Topf legen. Rücke die Pflanze zudem ein bisschen vom Fenster ab, damit die empfindlichen Blätter nicht mit der eisigen Glasscheibe in Berührung kommen.

Außerdem freuen sich die Pflanzen, die eine hohe Luftfeuchtigkeit schätzen, über ein regelmäßiges Verwöhn-Programm aus der Sprühflasche. Gerade während der Heizperiode tust du ihnen damit etwas richtig Gutes.

Ingwer

Pflanzzeit: geht ganzjährig, am besten aber im Februar und März

Ernte: nach 6 bis 8 Monaten

No-Go: Staunässe

Wasserbedarf: mittel

Standort: sonnig bis halbschattig

Krankheiten/Besucher: Rhizomfäule

Topfgröße: mindestens 15 cm

Nährstoffbedarf: Mittelzehrer

Hier kommt dein Immun-Booster direkt vom Fensterbrett: Ingwer. Als Ingwershot oder im Tee mit heißer Zitrone sagt er Erkältungsviren den Kampf an. Wenn du Ingwer in der Wohnung wachsen lassen möchtest, kannst du einfach ein frisches, mindestens 5 cm großes Stück von einer Knolle abschneiden und, sobald die Schnittstelle nach einem Tag getrocknet ist, in einen Topf mit Erde pflanzen. Achte darauf, dass das Stück sogenannte „Augen" besitzt, die beim Einpflanzen nach oben zeigen, bevor sie mit etwas Erde bedeckt werden. Aus den kleinen Knospen wachsen später die neuen Triebe.

Gut zu wissen: Wenn du die Ingwerknolle über Nacht in einem Wasserglas einweichst, klappt die Keimung schneller. Jetzt ist Geduld gefragt, denn Ingwer wächst gemächlich und hat absolut keine Lust, sich zu beeilen. Erst nach einigen Wochen lassen sich die ersten grünen Triebe blicken. Die Pflanze wird dann allmählich größer und entwickelt immer mehr Blätter. Besonders gut gefällt es dem Ingwer an einem warmen Ort mit indirektem Sonnenlicht. Unter 20 °C sollten die Temperaturen aber lieber nicht fallen, ansonsten wird es ihm zu kühl. Neben dem regelmäßigen Gießen möchte die Pflanze von dir auch alle 6 Wochen mit frischen Nährstoffen versorgt werden. Pass nur auf, dass du es mit der

Feuchtigkeit nicht übertreibst. Sonst bekommt die Wurzel Rhizomfäule und stellt ihr Wachstum ein.

Sobald die Pflanze ungefähr ein halbes Jahr alt ist, kannst du sie zum ersten Mal ernten. Dazu musst du die ganze Knolle vorsichtig aus der Erde ausbuddeln. Jetzt siehst du auch genau, wo das Rhizom weitergewachsen ist. Schneide die benötigte Menge ab und setze die restliche Pflanze zurück in den Topf. Sie wächst dann langsam weiter und beschenkt dich mit weiteren Ernten.

Rhizomfäule

Gießt du deine Pflanze zu oft, sodass diese zu feucht steht, kann sie schnell an Rhizomfäule erkranken. Ebenso wie bei der Wurzelfäule sorgt die übermäßige Feuchtigkeit dafür, dass sich Pilze im Boden verbreiten, die die Knolle (das Rhizom) angreifen. Oberirdisch kannst du bei deiner Pflanze gelbe und schlaffe Blätter erkennen. Unterirdisch beginnen die Rhizome zu faulen und werden weich und wässrig. Mit Abflusslöchern im Pflanzgefäß kannst du Staunässe verhindern und so einem Befall mit Rhizomfäule vorbeugen.

Aloe Vera

Aussaat: März bis April, gepflanzt ganzjährig

Ernte: sobald die Pflanze 10 Blätter hat

No-Go: Staunässe

Wasserbedarf: gering

Standort: sonnig bis halbschattig

Krankheiten/Besucher: Schimmelbefall

Topfgröße: 15 cm

Nährstoffbedarf: Schwachzehrer

Diese Pflanze überlebt selbst in den abgelegensten Wüstenregionen dieser Welt. Mit ihrer Hartnäckigkeit hält sie auch auf deinem Fensterbrett die Stellung. Sie ist sozusagen eine pflegeleichte Pflanze mit einem Wachstum in Zeitlupe.

Am einfachsten ist es, wenn du dir einen Ableger oder eine Jungpflanze zulegst. Sind die Pflanzen noch klein, werden sie für wenig Geld verkauft oder teilweise über Kleinanzeigen verschenkt. Du kannst Aloe Vera zwar auch aus Samen ziehen, allerdings haben diese eine Keimzeit von circa einem Monat und sind schnell anfällig für Schimmel. Durch die Pflanzung einer Jungpflanze kannst du dir einen ordentlichen Vorsprung verschaffen.

Die Aloe Vera wächst gerne an einem hellen Standort. Sie gibt sich auch mit halbschattigen Plätzen zufrieden, wächst dann allerdings noch langsamer als ohnehin schon. Wenn du die Erde mit etwas Sand mischst, schaffst du ihr in einem Topf einen wunderbar luftigen Boden. Überschüssiges Wasser kann dadurch noch besser ablaufen. Generell mag die Aloe Vera sparsam gegossen werden. Es reicht vollkommen, wenn du sie ein, zwei Mal im Jahr mit ein bisschen Dünger versorgst.

Wundere dich nicht, wenn sich ihre Blätter nach dem Winter braun verfärben. Das ist ihr natürlicher Sonnenschutz, der wieder verschwindet, sobald sich die Blätter wieder an die stärker werdende Sonne gewöhnt haben. Nicht zu verwechseln mit lila-roten Blattspitzen: Sie sind ein Hinweis darauf, dass du es mit dem Gießen zu gut gemeint hast.

Sobald die Aloe ihr zehntes Blatt ausgebildet hat, kannst du mit der Ernte starten. Geerntet werden dabei die äußersten Blätter, die du direkt am Stamm abschneidest. Ernte lieber immer nur einzelne Blätter, um die Pflanze nicht zu sehr zu verletzen. Belohnt wird deine Geduld mit einem kühlen Gelee, das sich unter der Schale im Blattinneren verbirgt. Du kannst es bei leichten Verbrennungen und kleinen Wunden nutzen, als Haarmaske oder Hautpflege verwenden oder sogar für erfrischende Smoothies mit in den Mixer werfen.

Zitrone

Pflanzzeit: Frühjahr bis Herbst

Ernte: sobald die Früchte schön gelb und fest sind

No-Go: Staunässe

Wasserbedarf: mittel

Standort: sonnig

Krankheiten/Besucher: Spinnmilben und Blattläuse

Topfgröße: mindestens 30 cm

Nährstoffbedarf: Schwachzehrer

Sortenempfehlung: ‚Meyer-Zitrone'

Warum nicht mal das Sprichwort „Wenn das Leben dir Zitronen gibt, mach Limonade daraus" wortwörtlich nehmen? Auch wenn du wahrscheinlich ein paar Monate auf deine erste Limo warten musst, der Anblick eines Zitronenbaums auf dem Fensterbrett vertreibt jegliche saure Miene sofort.

Grundsätzlich kannst du Zitronen auch aus den Kernen von Bio-Zitronen aus dem Supermarkt ziehen. Solange die Pflanze noch klein ist, wird es ihr auf deinem sonnigen Fensterbrett wahrscheinlich sogar sehr gut gefallen. Das Problem ist allerdings, dass sie sich irgendwann zu einem großen Baum entwickeln möchte, bevor sie die ersten Früchte ausbildet. Damit das Bäumchen also langfristig auf deinem Fensterbrett Platz findet, muss es eine Zitronensorte sein, die auch im Topf Früchte tragen kann.

Kleine Zitronenbäume wie die ‚Meyer-Zitrone' bleiben im Topf ungefähr 80 cm hoch und passen somit noch wunderbar auf dein Fensterbrett. Neben Zitronen eignen sich auch andere Zitrusfrüchte wie Mandarinen oder Orangen für die Zimmerkultur. Achte hier beim Kauf der Pflanze wieder darauf, dass es sich um kleine Sorten handelt.

Damit die Pflanze zu einem echten Hingucker in deinen vier Wänden wird, solltest du sie alle 2 Monate mit Kaffeesatz und Kartoffelwasser (Seite 44) düngen. Schnapp dir im Frühjahr und Sommer die Gartenschere und schneide abgestorbene und ausufernde Zweige ab. Dadurch wird das Wachstum angeregt und das Bäumchen bleibt schön in Form. Sobald sich die ersten Blüten zeigen, musst du die Pflanze von Hand bestäuben (wie das geht, kannst du auf Seite 116 nachlesen).

Im Winter machen Zitronenbäume eine Wachstumspause. Du kannst die Wasser- und Düngergaben in den dunklen Monaten etwas reduzieren. Generell freuen sie sich (erst recht bei trockener Heizungsluft) über regelmäßigen Sprühnebel aus dem Zerstäuber.

Was fürs Auge: Avocado und Ananas

Der Ehrlichkeit halber: In manchen Fällen musst du vielleicht auf eine essbare Ernte verzichten. Einige Pflanzen sind einfach nicht wirklich dafür gemacht, in unserem Klima Früchte auszubilden. Macht aber nichts – dafür ist die Pflanze hübsch anzuschauen.

Avocado

Pflanzzeit: ganzjährig, sobald der Kern gekeimt ist
Ernte: vielleicht nach 3 bis 4 Jahren
No-Go: dunkle Fensterbretter
Wasserbedarf: gering bis mittel
Standort: sonnig bis halbschattig
Krankheiten/Besucher: Wurzelfäule durch Staunässe
Topfgröße: mindestens 15 cm
Nährstoffbedarf: Mittelzehrer

Sie sieht zwar superschön aus, wächst aber leider im Schneckentempo: die Avocado. Normalerweise wachsen die wärmeliebenden Pflanzen in Mittel- und Südamerika, brauchen sehr viel Wasser für ihre Früchte und haben einen langen Weg hinter sich, bis sie bei uns auf dem Teller landen. Statt den Kern wie gewohnt zu entsorgen, kannst du ihn das nächste Mal einfach aufheben und daraus deine eigene Avocado-Pflanze anziehen.

Um den Kern zum Keimen zu bringen, muss zuerst das Fruchtfleisch abgewaschen werden. Löst sich dabei die braune Schale ein wenig, kann die Keimung dadurch noch beschleunigt werden. Im Anschluss wickelst du den Avocadokern in ein feuchtes Küchenpapier und verpackst ihn luftdicht in einem Schraubglas, einer Brotdose oder einem Plastikbeutel, damit die Feuchtigkeit nicht entweicht. Regelmäßiges Lüften nicht vergessen, damit sich kein Schimmel bildet.

Nach 3 bis 4 Wochen schiebt sich langsam eine weiße Wurzel aus dem Kern. Sobald diese ca. 5 cm lang ist, kannst du den Kern in einen Topf mit nährstoffreicher Erde pflanzen. Setze den Kern so ein, dass ungefähr die Hälfte aus der Erde ragt. Halte die Erde gleichmäßig feucht, aber nicht zu nass und stelle sicher, dass die Pflanze ausreichend Sonnenlicht bekommt. Du brauchst viel Geduld, da sie langsam wächst. Mit der Zeit entwickelt sie sich jedoch zu einer wunderschönen Zimmerpflanze.

Kannst du schon Wurzeln sehen, wenn du das Abflussloch des Topfes begutachtest, wird es Zeit für einen größeren Topf. Bei selbstgezogenen Avocado-Pflanzen kann es mehrere Jahre dauern, bis die Pflanze groß genug ist, um Früchte zu tragen. Zudem sind nicht alle Avocado-Sorten selbstbestäubend, was bedeutet, dass du möglicherweise eine weitere Avocado-Pflanze einer anderen Sorte benötigst, damit sich überhaupt Früchte bilden können.

Ananas

Pflanzzeit: durch Regrowing im Sommer

Ernte: vielleicht nach 3 bis 4 Jahren

No-Go: zu viel gießen

Wasserbedarf: gering bis mittel

Standort: sonnig

Krankheiten/Besucher: Spinnmilben, Blattläuse

Topfgröße: mindestens 17 cm

Nährstoffbedarf: Mittelzehrer

Ananas in der Wohnung? Geht auf jeden Fall! Ob du allerdings auch von den süßen Früchten probieren kannst, kommt ganz stark darauf an, wie viel Geduld du hast und ob sich die Pflanze bei dir so richtig wohlfühlt. Allein aufgrund ihrer Optik lohnt sich der Anbau aber trotzdem.

Statt die Pflanzen aus Samen zu ziehen, lässt du sie nachwachsen. Wie Regrowing generell funktioniert, erfährst du auf Seite 24. Wähle dazu eine kleine, reife und frisch aussehende Ananas aus und schneide den oberen Teil etwa 2 bis 3 cm unter den Blättern ab. Anschließend kannst du die unteren Blätter entfernen, sodass ein kleiner Stängel freigelegt wird. Lasse den abgeschnittenen Stängel einen Tag trocknen, damit die Schnittstelle abheilen kann und stelle ihn dann in ein Glas mit Wasser. Nun parkst du das Glas auf einem hellen Fensterbrett, am besten ohne direkte Sonneneinstrahlung. Vergiss nicht, das Wasser alle 2 bis 3 Tage zu wechseln, damit sich keine Bakterien bilden können. Jetzt heißt es: abwarten.

Erst nach einigen Wochen bilden sich die ersten Wurzeln. Sobald sie etwa 5 cm lang sind, kann die Ananas in einen Topf mit frischer Erde gesetzt werden. Stelle die Ananaspflanze dann auf ein sonniges Fensterbrett in der Wohnung, damit sie mindestens 6 Stunden direktes Sonnenlicht erhält.

Ananaspflanzen mögen keine ständige Feuchtigkeit. Achte deshalb darauf, dass du sie nicht überwässerst, indem du den Boden zwischen den Wassergaben leicht antrocknen lässt.

Es reicht tatsächlich, wenn du sie alle 2 Wochen gießt. Sie können gelegentlich von Trauermücken, Spinnmilben oder Blattläusen befallen werden. Überprüfe die Pflanze regelmäßig auf Anzeichen von Besuchern, um rechtzeitig eingreifen zu können.

Wenn du die Standortbedingungen der Ananas zu ihrer vollsten Zufriedenheit erfüllen kannst, dauert es bis zu 4 Jahre, bis sich die erste Blüte ausbildet. Dann braucht die Pflanze nochmal ungefähr ein halbes Jahr, bis sich eine kleine, gelbe Frucht entwickelt hat. Ob sie dann auch schmeckt, ist eine andere Frage. Da Ananaspflanzen normalerweise in warmen und feuchten Gebieten angebaut werden, werden sie in der Wohnung einen nicht ganz so süßen Geschmack entwickeln können. Schön anzusehen ist die Pflanze allerdings auch ohne Frucht.

Hello darkness, my old Friend: Die, die es gern dunkel mögen

Du machst dir Sorgen, dass dein Fensterbrett nicht genug Licht hergibt? Immer mit der Ruhe – es gibt genug Gemüse, das eh nicht so scharf auf direkte Sonneneinstrahlung ist. Wichtig ist dabei die Unterscheidung zwischen Schatten und Halbschatten.

Nochmal zur Erinnerung: Schattige Fensterbretter, meist auf der Nordseite, haben weniger als 3 Stunden Sonne am Tag. Und ist das nicht schon schwierig genug, kommt noch dazu, dass das Licht im Innenraum viel schwächer ist als auf einem Outdoor-Fensterbrett. Das heißt im Klartext: Hier geht Indoor so gut wie gar nichts. Sonnige und halbschattige Innenfensterbretter hingegen erhalten oft immer noch ausreichend Licht, damit sich Gemüsepflanzen dort wohlfühlen.

Du kannst allgemein davon ausgehen, dass sich alle Pflanzen auf halbschattigen Innenfensterbrettern wohlfühlen, die draußen im Schatten klarkommen, da sie ungefähr ähnlich viel Licht erhalten. Ob es einigen Arten oder Sorten aber bei zu wenig Licht im Raum zu warm wird und sie deshalb vergeilen, kann nicht pauschal gesagt werden. Du musst es einfach ausprobieren. Außerdem kann es helfen, wenn du dafür sorgst, dass es in dem Raum mit einem halbschattigen Fensterbrett möglichst kühl ist.

Salate, Radieschen und Gartenkresse wachsen nicht nur draußen, sondern auch auf einem halbschattigen Indoor-Fensterbrett reibungslos. Informationen zur Anzucht findest du in den Pflanzenporträts von Seite 78 bis Seite 80. Genauso kann es in der Wohnung mit Kohlrabi, Roter Bete und Karotten klappen (blättere einfach zurück zu Seite 73).

Spinat

Aussaat: März bis August

Ernte: ca. 2 Monate später

No-Go: Trockenstress

Wasserbedarf: gering bis mittel

Standort: sonnig, halbschattig bis schattig

Krankheiten/Besucher: Mehltau

Topfgröße: alles geht, was mindestens 15 cm tief ist

Nährstoffbedarf: Schwachzehrer

Sortenempfehlung: ‚Tyee‘, ‚Bloomsdale Long Standing‘, ‚Matador‘ (winterfest)

Fakt ist: Leider verleiht uns der Verzehr von Spinat anders als bei Popeye keine Superkräfte. Die Erde trägt sich also vermutlich trotzdem nicht so viel leichter in den 3. Stock. Fakt ist aber auch: Spinat enthält tatsächlich viele Vitamine und Mineralien, gibt sich dazu noch mit wenig Licht zufrieden und ist damit perfekt geeignet für ein dunkles Fensterbrett.

Die Aussaat erfolgt im Frühjahr und klappt (je nach Sorte) fast das ganze Jahr über. Genauso wie Pflücksalat oder Gartenkresse wird Spinat breitwürfig ausgesät. In Balkonkästen kannst du 2 Rillen im Abstand von 4 cm ziehen, in die du die Samen aussäst. Anschließend wird die Saat leicht mit Erde bedeckt.

Für den Anbau auf einem halbschattigen Fensterbrett eignen sich besonders Spinatsorten, die mit wenig Licht gut umgehen können, wie zum Beispiel ‚Tyee‘ oder ‚Bloomsdale Long Standing‘. In einem Topf oder Balkonkasten, der ungefähr 15 cm tief ist, wächst der Spinat prima.

Weil das grüne Supergemüse einen mittleren Nährstoffbedarf hat und relativ schnell wieder abgeerntet ist, reicht es aus, wenn du die Pflanzen einmal nach ungefähr 4 Wochen düngst.

Da Spinat Mehltau bekommen kann, wenn er zu feucht steht, solltest du außerdem regelmäßig das Zimmer lüften und dich mit dem Gießen in der Wohnung lieber etwas zurückhalten, damit keine Staunässe entsteht. Draußen hingegen solltest du die Erde eher feucht halten, da der Spinat bei Trockenstress schnell in die Blüte geht und dann bitter wird.

Die Ernte beginnt, sobald die Blätter eine ausreichende Größe erreicht haben. Das ist normalerweise etwa 7 bis 8 Wochen nach der Aussaat der Fall. Wie bei Feldsalat auch, erntest du die Blätter von außen nach innen. So kannst du kontinuierlich junge, frische Blätter ernten, während die Pflanzen weiterwachsen.

Mangold

Aussaat: März bis Mai
Ernte: nach ca. 2 bis 3 Monaten, ab Juni, mehrjährig (winterhart)
No-Go: Hitze
Wasserbedarf: mittel
Standort: sonnig, halbschattig bis schattig
Krankheiten/Besucher: Echter Mehltau
Topfgröße: 17 cm (1 Pflanze), 3 Pflanzen pro Balkonkasten
Nährstoffbedarf: Mittelzehrer
Sortenempfehlung: ‚Bright Lights‘

Wenn du mal einen halben Regenbogen auf deinem Fensterbrett wachsen lassen möchtest, ist diese Pflanze genau richtig für dich. Mangold gibt es in unterschiedlichen Farben. Die Sorte ‚Bright Lights‘ leuchtet wunderschön in rot, gelb, orange und pink.

Du kannst mit der Aussaat ab März beginnen. Setze wie bei Roter Bete am besten nur 1 Samenkörnchen pro Anzuchttopf. Da aus diesem oft 2 oder 3 Pflanzen wachsen, hast du nach ein paar Tagen trotzdem etwas Auswahl und kannst die schwächeren Setzlinge entfernen.

Mangold ist hart im Nehmen und kann schon vor dem letzten erwarteten Frost im Frühjahr nach draußen gesetzt werden. Dort freut er sich über einen eher kühlen Standort, damit er im Sommer nicht sofort in die Blüte geht.

Mangold kommt mit verhältnismäßig wenig Licht zurecht. Er wächst dann zwar langsamer als in der Sonne, kann dafür aber auch auf einem schattigen Fensterbrett gut überleben. Damit sich die Blätter gut entwickeln, solltest du die Pflanze einmal im Monat düngen und regelmäßig mit Wasser versorgen. Mangold verträgt hohe Temperaturen nicht so gut, stattdessen bevorzugt er die Kälte. Er sollte in Innenräumen also nicht direkt über einer Heizung stehen.

Mit einer Gartenschere kannst du die unteren Blätter samt Stiel blattweise von außen nach innen abschneiden, sodass immer neue Blätter nachwachsen. Die jungen Blätter schmecken aber auch schon hervorragend, zum Beispiel im Salat. Oder du wartest, bis sie größer sind und schneidest sie dann in Streifen. Besonders lecker sind sie gedünstet oder gebraten.

Bärlauch

Aussaat: März

Ernte: nach 1 Jahr, vor der Blüte zwischen März und Mai, mehrjährig (winterhart)

No-Go: direktes Sonnenlicht

Wasserbedarf: mittel

Standort: halbschattig bis schattig

Krankheiten/Besucher: Schnecken

Topfgröße: 20 cm (ca. 4 Pflanzen), 8 Pflanzen pro Balkonkasten

Nährstoffbedarf: Mittelzehrer

Leckerer Bärlauch oder giftiges Maiglöckchen? Anders als beim Waldspaziergang stellt sich diese schwierige Frage auf dem Fensterbrett glücklicherweise nicht. Da die Wildpflanze besonders gerne im Wald wächst, ist sie wenig Licht gewohnt und kommt deshalb wunderbar mit halbschattigen und schattigen Standorten am Fenster zurecht.

Bärlauch benötigt einen Kältereiz, um zu keimen. Damit das in der Wohnung klappt, kannst du das Saatgut stratifizieren (die Anleitung findest du auf Seite 103). Ab März kannst du dann mit der Anzucht starten. Bei der Aussaat säst du die Samen am besten in 2 Reihen aus, mit jeweils 5 bis 7 cm Pflanzabstand zwischen den einzelnen Samenkörnern. Da es Dunkelkeimer sind, bedeckst du die Samen anschließend mit Erde. Jetzt ist Geduld gefragt.

Übrigens wächst Bärlauch auch draußen besonders gerne. Deshalb eignet sich eine Aussaat im späten Herbst auf dem Outdoor-Fensterbrett besonders gut. Hast du keine Lust, bis in den Winter zu warten, kannst du durch Stratifizieren schummeln und die Aussaat früher starten. Wird Bärlauch im Herbst direkt in den Topf oder Balkonkasten gesät, keimt er dann im Frühjahr.

Am einfachsten klappt es mit gekauften Jungpflanzen, die am besten zwischen März und Mai gesetzt werden. Du kannst sie erst im nächsten Jahr ernten, wenn sie groß genug sind. Während der Wachstumszeit solltest du Bärlauch alle 2 bis 3 Monate mit Dünger versorgen. Bärlauch breitet sich gerne aus, weshalb du ihn besser in einem separaten Topf oder Balkonkasten pflanzt.

Die Blätter des Bärlauchs werden am besten vor der Blüte geerntet. Nicht wundern: Nach der Ernte verfärben sich die Blätter oft gelb. Im Frühjahr treibt die Pflanze dann neu aus. Pass auf, dass du nicht zu viele Blätter auf einmal abschneidest, da die Pflanze sonst nicht weiterwachsen kann.

Rezept für Bärlauch-Butter

Zutaten für 1 Butterdose:

50 g frischer Bärlauch
250 g weiche Butter
etwas Salz

Zubereitung:

Wasche den frischen Bärlauch ab und tupfe ihn trocken. Grob gehackt kannst du ihn in einer Schüssel mit der weichen Butter verrühren. Das geht am besten mit einer Gabel. Anschließend kannst du ganz nach deinem Geschmack salzen. Gib die Bärlauch-Butter dann in Frischhaltefolie oder in ein kleines Behältnis und lasse sie nun im Kühlschrank für mindestens 1 Stunde abkühlen. Passt super zum Grillen, zu Gemüse oder auch einfach auf frischem Brot.

Keine Zeit für Waldspaziergänge: Pilze auf dem Fensterbrett

Shiitake, Kräuterseitling, Champignons – immer her damit, wenn es nach dir geht? Dann hast du dich vermutlich schon gefragt, ob dein Fensterbrett auch für die Pilzzucht ein geeigneter Ort ist. Die Antwort: Ja und nein.

Pilze geben sich mit wenig Licht zufrieden. Die meisten mögen kühle (10 bis 17 °C), schattige Plätze mit einer hohen Luftfeuchtigkeit – am liebsten stehen sie im Keller mit einem kleinen Fenster. Also genau das Gegenteil von einem Wohnzimmer mit warmer, trockener Heizungsluft oder lichtdurchfluteten Fensterbrettern. Falls du allerdings ein schattiges und kühles Fensterbrett hast, kannst du direkt mit deiner eigenen Pilzzucht loslegen.

Pilze haben das ganze Jahr über Saison, solange man ihnen die richtigen Bedingungen schafft, die sie zum Wachsen benötigen. Kräuterseitling, Shiitake, Igelstachelbart, Limonenpilz und Pioppino kommen auch mit den Temperaturen in deiner Wohnung zurecht, solange sie nicht direkter Sonnenstrahlung ausgesetzt sind. Verzichte deshalb im Hochsommer eher darauf, dir eine Pilzzucht auf das warme, helle Fensterbrett zu stellen und wähle im Winter lieber ein Fensterbrett, das nicht direkt über einem Heizkörper liegt.

Ein Hinweis: Austernseitlinge sind zwar köstlich, aber nicht unbedingt für die Anzucht in Wohnräumen geeignet, in denen du dich viel aufhältst. Sie können ihre Sporen unkontrolliert im Raum verteilen und somit für Atemwegserkrankungen sorgen. Das passiert übrigens auch bei anderen Pilzsorten. Werden die Pilze zu spät abgeschnitten, wölbt sich der Pilzhut nach oben und sport. Pass deshalb auf, dass du den richtigen Erntezeitpunkt nicht verpasst.

Am einfachsten ist der Start in die Pilzzucht mit einer Fertigkultur, die du von verschiedenen Anbietern in Onlineshops bestellen kannst. Mit Hilfe einer Anleitung hangelst du dich von einem Schritt zum nächsten, bis du schließlich (je nach Sorte) nach 2 Monaten deine eigenen Pilze in den Händen hältst. Das Substrat riecht leicht modrig nach nassem Holz und ist bereits mit dem Myzel durchwurzelt. Es muss zunächst gewässert werden, damit der Pilz zu wachsen beginnt. Damit der Pilz nicht austrocknet, musst du ihn regelmäßig alle paar Tage leicht mit Wasser benetzen.

Achtung: Hier sollte man nicht den Zerstäuber verwenden, sondern das Substrat lieber leicht angießen. Ansonsten können sich in der Flasche Keime bilden, die das Pilzmyzel schädigen.

Um die Feuchtigkeit zu halten, kannst du das Substrat in ein spezielles Pilzgewächshaus setzen. Oder aber du findest eine durchsichtige Box oder eine helle Plastiktüte zu Hause, die du täglich lüftest.

Ungefähr 2 bis 3 Wochen später sind die Pilze dann erntereif und können bodennah abgeschnitten werden. Nach einer kurzen Ruhephase wird das Substrat erneut gewässert. So sind meist 3 Ernterunden möglich. Im Anschluss kannst du das Substrat als Dünger für deinen Fensterbrettgarten nutzen.
Neben Fertigkulturen gibt es auch Pilzzucht-Sets, bei denen du eigenes Substrat herstellst und dieses anschließend mit Pilzsporen selbst impfst. Bei dieser Variante kann man sich ausführlicher mit dem Pilzwachstum beschäftigen und hat viele unterschiedliche Pilzsorten zur Auswahl. Diese Kulturen eignen sich übrigens auch für schattige Outdoor-Fensterbretter.

Ich häng hier nur so rum: Pflanzenampeln und vertikales Gärtnern

Du hast keinen Platz (mehr) auf dem Fensterbrett? Macht nichts. Wenn's mit dem Stellplatz nicht passt, lautet die Lösung: einfach mal abhängen. Denn kleine Tomaten und Co. wachsen genauso gern in Pflanzenampeln neben dem Fenster.

Damit sie in Pflanzenampeln gut überleben, brauchen die Pflanzen folgende Eigenschaften: Sie wachsen kompakt, kommen mit relativ wenig Wurzelraum klar und lassen ihre Triebe gerne baumeln.

Na, hast du vielleicht schon ein paar Pflanzen vor deinem inneren Auge, denen du gerne mal einen königlichen Platz in luftiger Höhe verpassen möchtest?

Falls nicht, machen es sich Erdbeeren (Seite 81) zum Beispiel gerne hoch über dem Fensterbrett gemütlich. Auch hängende Sorten der Kapuzinerkresse (Seite 99) machen in der Pflanzenschaukel eine gute Figur. Werden dir ihre Triebe irgendwann zu lang, kannst du sie einfach zurückschneiden.

Auch wenn diese Kandidatinnen vielleicht auf den ersten Blick nicht so aussehen, als würden sie gerne schaukeln, kommen sie mit dem geringen Platz in einer Pflanzenampel super zurecht:

- Tomate (Seite 60)
- Paprika (Seite 65)
- Chili (Seite 66)
- Salat (Seite 78)
- Minze (Seite 91)
- Thymian (Seite 97)

Wichtig ist, dass du dich an die Sortenempfehlungen für das Fensterbrett hältst oder ähnlich kompakte Sorten wählst. Bedenke zudem, dass Tomaten-, Paprika- und Chilipflanzen zu den Sonnenkindern gehören und viel Licht benötigen.

Damit die Pflanzen nur ab- und nicht durchhängen, solltest du sie regelmäßig mal herunternehmen und genau begutachten. So kannst du die Pflanze nicht nur besser auf mögliche Krankheiten überprüfen, sondern siehst auch besser, wie feucht die Erde schon ist. Sobald die Pflanzen in der Wohnung anfangen zu blühen, darfst du nicht vergessen, die Blüten zu bestäuben (siehe Seite 116). Ansonsten bleibt die Ernte aus.

Pflanzenampeln

Pflanzenampeln gibt es in allen möglichen Größen, Farben und Formen. Entweder nimmst du, was schon da ist, oder du baust dir mit wenig Aufwand eine eigene Hängevorrichtung. Zum Beispiel lassen sich kleine Körbe, Salatschüsseln, Küchensiebe oder Konservendosen nutzen. Und dann geht's back to the 80's: Knüpfe mit einer stabilen Juteschnur ein Makramee-Netz. Einfache Anleitungen findest du überall im Internet.

Stelle nun das zukünftige Pflanzgefäß hinein und pass auf, dass es nicht durchrutschen und hinunterfallen kann. Wenn es das Material des Gefäßes zulässt, kannst du auch am oberen Rand Löcher hineinbohren, durch die du das Band dann ziehst. Zack, fertig ist die DIY-Pflanzenampel.

Ampeln, die kein Abflussloch haben, gleichen allerdings schnell dem Bermuda-Dreieck. Soll heißen: Die Wahrscheinlichkeit, dass du sie übergießt und dir dabei Mehltau, Schimmel und Staunässe in den Topf holst, ist ziemlich hoch. Zum Gießen solltest du die Ampel deshalb lieber abhängen. Sinnvoll können hier auch Innentöpfe sein, in denen die Pflanzen wachsen und die du zum Wässern herausnehmen kannst.

Regal-Gärtnern

Halte nach einem schmalen Regal Ausschau, zum Beispiel auf dem Flohmarkt. Wenn es größentechnisch auf dein Fensterbrett passt, kannst du die einzelnen Regalböden nutzen, um mit ihnen die Fläche deines Fensterbretts zu vergrößern. Hier musst du nur aufpassen, dass es dir wirklich einen Mehrwert bringt und nicht womöglich dafür sorgt, dass Licht verschluckt wird oder es zu viel Schatten wirft.

Am besten eigenen sich daher Regale mit offenen Seiten, sodass von vorne das Licht hineinscheinen kann und du von hinten die Pflanzen herausnehmen und versorgen kannst. Da helle Materialien das Licht zurückwerfen, sind sie unbedingt zu empfehlen. Einem schwarzen Regalbrett kannst du schnell einen neuen Anstrich verpassen. Unterstützt wird die Reflektion des Lichts zusätzlich, indem du kleine Spiegel im Regal aufstellst. Wenn die Seiten dann noch möglichst viel Licht durchlassen, kann der vertikale Gärtnerei-Spaß auch schon losgehen.

Wichtig ist bei der Verwendung von einem Regal allerdings: Bedenke, dass die Pflanzen noch wachsen. Damit sie nicht irgendwann mit ihren Triebspitzen von unten an den nächsten Regalboden stoßen, solltest du dir im Vorfeld überlegen, wie viele Pflanzen du dort unterbringen kannst.

Vertikale Pflanzsysteme

Keine Lust, selbst kreativ zu werden? Gar kein Thema: Mittlerweile gibt es unterschiedliche Pflanzsysteme, die perfekt auf ein Fensterbrett passen und die du easy zusammenstecken und nach Belieben stapeln kannst.

Diese Systeme bestehen aus Kunststoffmodulen, die hinten einen Wasserlauf haben, sodass du automatisch alle 3 Pflanzen mit Wasser versorgst, wenn du die obere gießt. Das Pflanzsystem hält sich auch auf leicht abschüssigen Fensterbrettern, da es mit Hilfe von Verbindungsclips nicht nur zusammengesteckt, sondern auch mit den mitgelieferten Klebepads an einer Fensterscheibe fixiert werden kann. Aufgrund ihrer Gefäßgröße finden vor allem Flachwurzler wie viele Kräuter, Salate oder Erdbeeren in dem Pflanzsystem Platz.

Pflanzenampeln richtig und sicher aufhängen

So ein hängender Topf ist super platzsparend und sieht auch noch ziemlich fancy aus. Wichtig ist allerdings, dass das gute Stück auch wirklich fest und sicher montiert ist. Damit deine grünen Freundinnen nicht aus Versehen den Abgang machen, machst du vor der Montage einer Pflanzenampel am besten nochmal einen kleinen Standort-Check.

Willst du dein Fensterbrett draußen durch Ampeln vergrößern, geht das am besten, wenn du im Erdgeschoss wohnst. Ansonsten ist die Gefahr zu groß, dass sie trotz super Befestigung bei starkem Wind oder Vogelbesuch abreißen, herunterfallen und womöglich jemanden auf dem Gehweg verletzen. Hast du allerdings ein Garagendach oder ähnliches direkt unter dir oder ein schönes Indoor-Fensterbrett zur Verfügung, steht deinem Schaukelglück absolut nichts im Weg. Pflanzenampeln können an der Decke oder an Balken in der Nähe des Fensters befestigt werden. Damit sie genug Licht abbekommen, sollten sie im Idealfall im Innenraum direkt vor dem Fenster hängen und nicht zu seitlich davon. Bepflanzte Ampeln haben je nach Größe ein Gewicht von ungefähr 1 bis 2 kg. Das ist auch abhängig davon, ob sie frisch gegossen wurden oder nicht. Demnach muss das Material, an dem die Ampel befestigt werden soll, ein bisschen was aushalten und darf nicht brüchig oder zu schwach sein.

Ist ein guter Platz gefunden, kannst du die Befestigung vorbereiten. Einige Haken können von Hand ins Holz gedreht werden. Hast du es allerdings mit Steinwänden oder dicken Balken zu tun, müssen die Löcher mit einem passenden Bohrer vorgebohrt werden. Pass auf, dass du die Decke dabei nicht beschädigst. Ähnlich wie bei den Befestigungen für Balkonkästen solltest du vorher mit den Vermieter*innen sprechen, falls du dir unsicher bist, ob du an dieser Stelle bohren darfst oder um welches Material es sich handelt.

Zum Befestigen eignen sich Haken oder Schraubösen gut, aus denen die Ampel nicht ohne Hilfe herausrutschen kann. Bringe sie so an, dass sie fest sitzen und nicht mehr wackeln. Eventuell ist die Verwendung von Dübeln sinnvoll.
Nach der Montage solltest du die Stabilität der Pflanzenampel auf jeden Fall überprüfen. Gib etwas Gewicht darauf, um zu testen, ob sie hält, bevor du die Ampel bepflanzt und anhängst. Beim Bepflanzen solltest du die maximale Belastbarkeit der Haken im Blick haben. Geh lieber auf Nummer sicher und pass auf, dass die Pflanzenampel samt Pflanze gewichtstechnisch etwas unterhalb der Grenze liegt.

Hello, Roomie: Die Aquaponik-WG

Aqua–was? Aquaponik, das ist die Verbindung von Fischhaltung und Gärtnerei. Dabei ziehst du die Pflanzen direkt in einem Gefäß auf, in dem bereits Fische, Garnelen oder sonstige Wassertierchen leben. So gewinnst du u. a. Flüssigdünger aus dem alten Wasser – und die kleine Unterwasser-WG bekommt einen gemütlichen Lebensraum.

Um mit Aquaponik zu starten, brauchst du als erstes ein Aquarium oder einen anderen Behälter, in dem sich Fische wohlfühlen. Für den Anfang kommst du mit einem 20-l-Gefäß gut aus. Anschließend wählst du kleine Fischarten aus, die in Innenräumen gehalten werden können und ihre Bude gerne mit Gemüse teilen. Je nach Gefäßgröße könnten zum Beispiel ein paar Guppys oder Goldfische bei dir einziehen.

Jetzt geht's den Pflanzen an den Kragen: Für sie benötigst du schwimmende Töpfe, die sie über der Wasseroberfläche halten. Gefüllt werden die Töpfe dann mit einem lockeren Substrat, zum Beispiel Kies, Blähton oder Kokosfasern. Anschließend setzt du die Pflanzen ein, die du anziehen möchtest. Für Aquaponik eignen sich je nach Größe des Aquariums Salat, Mangold, Grünkohl, Basilikum, Tomate, Aubergine und vieles mehr.

Wichtig ist zudem ein kleines Aquarium-Equipment: Damit das Wasser im System zwischen den Pflanzen und den Tieren zirkulieren kann, musst du eine Wasserpumpe installieren. Ein Bio-Filter hilft dir dabei, das Wasser im Aquaponik-System zu reinigen und Schadstoffe abzubauen. So ein Filter besteht normalerweise aus Filtermatten oder Bio-Balls, die nützliche Bakterien beherbergen und den Ammoniak, den die Fische ausscheiden, in Nitrat (= Dünger) umwandeln. Außerdem benötigen die Pflanzen eine geeignete Beleuchtung mit LED-Pflanzenlampen. Und zu guter Letzt: Behalte neben der Temperatur auch die Wasserqualität im Auge. Das klappt am besten mit Testkits, die den pH-Wert sowie die Ammoniak- und Nitratwerte messen.

Beratung findest du in Aquaristik-Fachgeschäften und in größeren Gartenbedarfs-Geschäften mit Aquaristik-Abteilung.

LED-Pflanzenlampe

Gemüsepflanzen, z. B. Salat, Tomate, Basilikum

Schwimmende Töpfe (z. B. aus Styropor)

Aquarium (ca. 20 l)

Aquarium-Filter

Goldfische/ Guppys

Wasserpumpe

Aquariumkies

Die DIY-Variante ohne Technik

Keine Lust auf viel Schnickschnack? Dann lass doch Zwerggarnelen bei dir einziehen. Sie kommen auch mit natürlichem Licht klar und freuen sich einfach über einen hellen Platz auf dem Fensterbrett ohne direktes Sonnenlicht. Du musst nur ein großes Gefäß mit einigen Litern Wasser, etwas Aquariumkies und einer kleinen Wasserpflanze befüllen und nach etwa 2 Wochen 2 bis 3 Zwerggarnelen dazusetzen. Für die Gefäßöffnung eignen sich besonders mehrjährige Pflanzen mit einem mittleren Nährstoffbedarf gut, die regelmäßig geerntet werden sollten.

Reinige das Wasser immer nach 7 bis 10 Tagen, indem du es zur Hälfte ausleerst und frisch nachgießt. Gib zusätzlich noch etwas Dünger und Wasserbakterien hinzu. Statt das alte Wasser wegzugießen, kannst du es wunderbar als leichten Flüssigdünger für deinen Fensterbrettgarten verwenden.

Gemüsepflanze hängt über den Rand mit den Wurzeln im Wasser, z. B. Oregano, Zitronenmelisse oder Minze

Aquarium/Gefäß (ca. 5 l)

2 Zwerggarnelen

Kleine Wasserpflanze

Aquariumkies

Damit du im
Fensterbrett-Dschungel
den Durchblick behältst:

Der Anhang

Über die Autorin

Moin!

Ich bin Deike und lebe in Kiel nur wenige hundert Meter Luftlinie von der schönen Ostsee entfernt. Seit meinem Umzug in eine neue Wohnung habe ich neben mehreren Innen- und Außenfensterbrettern auch einen großen Balkon. Als ich zum Einzug dann Saatgut geschenkt bekommen habe, ist meine Leidenschaft für das Gemüsegärtnern erwacht. Begonnen mit einer Tomatenpflanze, entstand so nach und nach ein Balkon- und Fensterbrettgarten mit nunmehr über 100 verschiedenen Kräutern, Obst- und Gemüsepflanzen.

Auf meinen Fensterbrettern im hohen Norden wächst mittlerweile das ganze Jahr über Bio-Gemüse. Hier werden die Pflanzen in Töpfen und Balkonkästen an- und großgezogen, geerntet und überwintert. Dabei mache ich mir die vielen Vorteile zu Nutze, die das Fensterbrettgärtnern hat.

Zu zeigen, dass alle Menschen auf einem Fensterbrett gärtnern können, ist mir ein großes Anliegen. Es braucht keinen Garten oder Balkon, um die Freude, den Genuss und Stolz des eigenen Gemüses mit anderen zu teilen. Außerdem steigert es die Lebensmittelwertschätzung und es fühlt sich einfach richtig gut an, etwas für das Klima und die Insekten in der eigenen Stadt zu tun. Meinen Balkongarten, Tipps zur Pflanzenpflege und Sortenauswahl und mein Wissen teile ich zudem auf Instagram. **Du findest meinen Account dort unter:** *www.instagram.com/kuestenbalkon*

Nicht zuletzt möchte ich an dieser Stelle danke sagen: meinen Eltern und Matti. Dieses Buch ist euch gewidmet.

Abflussloch: Ein Abflussloch ist das Loch oder eine Öffnung am Boden eines Behälters, z. B. eines Blumentopfs, das überschüssiges Wasser abfließen lässt. Du solltest auf Pflanzgefäße mit Loch achten, um Staunässe zu verhindern.

Abhärten: Du gewöhnst deine Pflanzen schrittweise an äußere Bedingungen wie Sonnenlicht, Temperatur und Wind, um sie auf den Umzug ins Freie vorzubereiten. Das Abhärten dauert meist 1 Woche und steigert sich in seiner Dauer von Tag zu Tag.

Anzucht: Mit Anzucht oder auch Vorzucht ist die Indoor-Aussaat von Samen gemeint. Unter kontrollierten Bedingungen wie Feuchtigkeit und Temperatur werden die Pflanzen zum Wachsen gebracht, um Jungpflanzen zu erhalten. Das Gegenteil ist die Direktsaat.

Ausdünnen: Es kann passieren, dass die Pflanzen zu eng ausgesät wurden. Um den Pflanzen für ein gesundes Wachstum genügend Platz, Nährstoffe und Licht zur Verfügung zu stellen, müssen einige ausgesucht und von Hand entfernt werden, indem du sie einfach herausziehst.

Ausgeizen: Vor allem bei Stabtomaten eine beliebte Methode. Dabei werden Seitentriebe oder Triebe in den Blattachseln von Pflanzen entfernt, um das Wachstum der Haupttriebe zu fördern und eine kompakte Form zu erhalten.

Baby Leaf: Bei vielen Pflanzen können bereits die jungen Blätter geerntet und als Salat oder Garnierung verwendet werden. Eng gesät, bilden sich die zarten Blätter schon nach kurzer Zeit.

Bestäuben: Beim Bestäuben wird der Pollen von den männlichen Teilen einer Blüte auf die weiblichen Teile übertragen, um die Befruchtung und damit eine Ernte zu ermöglichen. Diesen Job übernehmen normalerweise Insekten. Fehlen die auf deinem Fensterbrett, musst du mit dem Wattestäbchen selbst Hand anlegen.

Breitwürfig aussäen: Bei dieser Methode verstreust du die Samen großzügig und gleichmäßig über eine Fläche, statt sie in Reihen oder Abständen zu säen.

Direktsaat: Hier säst du die Samen direkt in das Pflanzgefäß, statt sie Indoor anzuziehen.

Drainage: Damit das Wasser nicht im Topf stehen bleibt, sondern gut abfließen kann, hilft eine Drainage-Schicht aus Steinchen, Tonscherben oder Blähton. Die Wurzeln kommen dadurch nicht mit stehendem Wasser in Berührung und bleiben gesund.

Dunkelkeimer: Diese Samen benötigen zum Keimen Dunkelheit und wollen daher unbedingt bei der Aussaat von Erde zugedeckt werden.

Einjährig: Pflanzen werden als einjährig bezeichnet, wenn sie ihren Lebenszyklus innerhalb eines Jahres abschließen. Sie durchlaufen die Keimung, das Wachstum, die Blüte und die Samenbildung, bevor sie absterben.

Fruchtknoten: Der Fruchtknoten ist der Teil einer Blüte, der sich zu einer Frucht entwickelt und in dem sich die Samenanlagen befinden. Fruchtknoten sehen aus wie Mini-Gemüse.

Jungpflanze: Als Jungpflanze wird eine junge oder aus Stecklingen gewonnene Pflanze bezeichnet, die noch nicht vollständig entwickelt ist. Pflanzen in diesem Wachstumsstadium kannst du häufig im Frühjahr in einer Gärtnerei kaufen.

Keimling: Ein Keimling ist ein junger Spross, der aus einem Samen gekeimt ist und gerade zu wachsen beginnt.

Königsblüte: Die erste, meist größte Blüte an einer Pflanze. Wenn du sie entfernst, wird die Pflanze dazu angeregt, mehr Blüten auszubilden.

Mehrjährig: Pflanzen, die über mehrere Jahre hinweg leben, sind mehrjährig. Sie wachsen jedes Jahr weiter und können wieder blühen. Häufig haben sie im Winter eine Ruhephase, während einjährige Pflanzen absterben.

Mischkultur: Eine Anbaumethode, bei der verschiedene Pflanzenarten nebeneinander angebaut werden, um voneinander zu profitieren. Sie brauchen unterschiedliche Nährstoffe aus dem Boden, haben aber ähnliche Pflegeansprüche und schützen sich gegenseitig vor ungebetenen Gästen und Krankheiten.

Mittelzehrer: Mittelzehrer sind Pflanzen, die nicht so superhungrig nach Nährstoffen sind. Es reicht, wenn du sie alle 6 bis 8 Wochen mit Dünger versorgst.

Mulchen: Damit ist das Abdecken des Bodens um Pflanzen herum mit einer Schicht aus organischem Material wie Laub oder Stroh gemeint, um Feuchtigkeit zu speichern und den Boden zu schützen.

Pikieren: Hier geht es um das vorsichtige Umpflanzen von Keimlingen oder Jungpflanzen in größere Töpfe, um ihnen mehr Platz zum Wachsen zu geben.

Pinzieren: Beim Pinzieren wird die Spitze eines Pflanzentriebs entfernt, um das Wachstum zu fördern, die Verzweigung anzuregen und die Pflanze kompakter zu machen.

Regrowing: Dabei lässt du Gemüse oder Kräuter aus Resten wie Wurzeln, Stielen oder Blättern nachwachsen, um eine weitere Ernte zu erhalten.

Schwachzehrer: Die Pflanzen benötigen nur geringe Mengen an Nährstoffen. Sie bevorzugen nährstoffarme Erde und müssen nicht gedüngt werden.

Starkzehrer: Starkzehrer sind Pflanzen, die große Mengen an Nährstoffen benötigen und für deren Wachstum regelmäßig eine zusätzliche Düngung erforderlich ist.

Staunässe: Bei Staunässe ist der Boden über einen längeren Zeitraum zu feucht und das Wasser kann nicht richtig abfließen. Das gestaute Wasser führt dazu, dass die Wurzeln der Pflanze faulen.

Steckling: Der Steckling ist ein abgetrenntes Stück einer Pflanze, das zum Vermehren verwendet wird, indem es in Wasser gesetzt oder in Erde eingepflanzt wird und dort Wurzeln ausbildet.

Stratifizieren: Manches Saatgut benötigt einen Kältereiz, bevor es mit der Keimung starten kann. Durch das Stratifizieren sorgst du für einen künstlichen Wintereinbruch, indem du die Samen in den Kühlschrank legst.

Trieb: Als Trieb wird der wachsende Abschnitt einer Pflanze bezeichnet, der aus Stängeln, Blättern und Blüten besteht. Schneidest du einen Trieb ab, verzweigen die meisten Pflanzen.

Umtopfen: Mit Umtopfen ist das Umsetzen von einer Pflanze aus einem Topf in einen größeren oder anderen Behälter gemeint, um der Pflanze mehr Platz zum Wachsen und für die Wurzeln zu geben.

Vergeilen: Das ist der Fachbegriff für das ungewünschte Wachstum langer, dünner und schwacher Triebe aufgrund von Lichtmangel.

Wo krieg ich was?
Bezugsquellen für deinen Fensterbrettgarten

Fensterbrett-Sicherungen:

- blumenkastenhalterung.com
- dehner.de
- green-creations.com
- rephormhaus.de

Saatgut, Jungpflanzen und Co.:

- Arche Noah, arche-noah.at
- Bingenheimer Saatgut AG, bingenheimersaatgut.de
- Bionana, bionana.shop
- Dreschflegel GbR, dreschflegel-saatgut.de
- Naturgarten-Samen aus Leipzig, Naturgarten-Samen.shop.de
- Pro Specie Rara, prospecierara.ch
- ReinSaat, reinsaat.co.at
- Sativa, sativa-rheinau.ch
- VEN Verein zur Erhaltung der Nutzpflanzenvielfalt e. V., nutzpflanzenvielfalt.de
- Magic Garden Seeds, magicgardenseeds.de
- Rankwerk, rankwerk.de

Erden und Dünger:

- Borago, borago.de
- Floragard, floragard.de

Wurmkiste, Bokashi:

- Erdwurm, erdwurm.at
- Vermigrand Regenwurmhumus, vermigrand.com
- Wurmkiste, wurmkiste.at

Pilzzucht:

- Hut und Stiel, hutundstiel.at
- Pilzmännchen, pilzmaennchen.de
- Pilzbrutversand Krämer, shii-take.de
- Waldviertler Pilzgarten, pilzgarten.at

Ausstattung und Zubehör:

- Borago, borago.de
- Dehner, dehner.de
- Manufactum, manufactum.de

Erzähl mir mehr!
Verwendete Quellen und weiterführende Literatur

Engwert, Carolin (2021): Indoor-Ernte. Es geht auch einfach! Kosmos, Stuttgart.

Grieb, Ortrud (2022): Wer kann mit wem im Beet?
Die besten Partner – pflegeleicht und ökologisch. Kosmos, Stuttgart.

Lahner, Birgit (2017): Bio-Gärtnern am Fensterbrett. Wie auf kleinstem Raum das ganze Jahr Gemüse, Kräuter, Salate und Obst wachsen. Löwenzahn, Innsbruck.

Maquire, Kay (2017): Frische Ernte ohne Garten. Obst und Gemüse aus dem Topf. Dorling Kindersley, München.

Vernuccio, Patrick (2022): The Frenchie Gardener. Dein eigenes Gemüse & Obst auf Balkon und Terrasse. ZS Verlag, München.

143

IMPRESSUM

Löwenzahn-Bücher werden auf höchstem ökologischen Standard gedruckt, ausschließlich mit Substanzen, die wieder in den biologischen Kreislauf rückgeführt werden können. Cradle to Cradle™-zertifiziert by gugler*, klimafreundlich, auf Papier, das in Österreich produziert wurde, und ohne Plastikfolie, die dein Lieblingsbuch unnötig einhüllt – für unsere Umwelt und unsere Zukunft.

1. Auflage
© 2024 by Löwenzahn in der Studienverlag Ges.m.b.H.,
Erlerstraße 10,
A-6020 Innsbruck
E-Mail: loewenzahn@studienverlag.at
Internet: www.loewenzahn.at

Inhaltliche Betreuung: Löwenzahn Verlag/Christina Kindl-Eisank
Lektorat: Löwenzahn Verlag/Sandra Span
Projektleitung: Löwenzahn Verlag/Josefa Niedermaier

Umschlag- und Buchgestaltung, Illustrationen sowie grafische Umsetzung: Marie Oniemba

Herzlichen Dank an die Bio-Blumengärtnerei Seidemann für den Pflanzenverleih.

Fotografien: alle Deike Haßler, außer: Daniel Zangerl, S. 6, 14, 15, 18, 27, 28, 33, 48, 50, 62, 70, 86, 87, 88, 90 (unten), 96 (oben), 98, 110, 113, 116, 122, 129, 133; iStock/Mehriban Aliyeva, S. 24; iStock/Hana Richterova, S. 109; iStock/Tatiana Terekhina, S. 121; iStock/Michel VIARD, S. 84 (oben); Stockfotos Pixabay: S. 117 (Coleur), 125 (LoggaWiggler), 102 (manfredrichter), 92 (Mudhut), 100 (Myriams-Fotos), 79 (klausPeter), 96 (photosforyou), 93 (webentwicklerin), 119 (WolfBlur)
U4 (Mitte, rechts): iStock/Michel VIARD

Bibliografische Information Der Deutschen Nationalbibliothek

Die Deutsche Nationalbibliothek verzeichnet diese Publikation in der Deutschen Nationalbibliografie; detaillierte bibliografische Daten sind im Internet über <http://dnb.dnb.de> abrufbar.

ISBN 978-3-7066-2983-6

– produziert nach den Richtlinien des Österreichischen Umweltzeichens, Gugler GmbH, UW-Nr. 609, www.gugler.at